U0606171

中国藻类
产业30年回顾（一）

秦 松 主编

中国农业出版社

本书蒙舟山市海洋经济创新发展示范工作专项资金"海洋生物制品制备全技术链产业公共服务平台（国科海字【2016】496号）"和国家重点研发计划"海洋生物产品质量控制与检测技术标准研究（2016YFF0202304）"项目资助出版。

本书编委会

主　编　秦　松

副主编　刘建国　周文广　陈　军

委　员（按姓名笔画排序）

李宏业　刘建国　辛乃宏

严小军　宋文东　陈　军

陈海敏　周文广　骆其君

秦　松　徐继林　崔玉琳

薛　松　周成旭

前　言

　　中国的藻类学研究是从外国人研究中国藻类开始的，到中国人自己主导藻类学研究以及 20 世纪 80 年代在中国大陆举办世界海藻学术讨论会，90 年代在青岛举办世界藻类学大会，到 2010 年在青岛举办第九届世界海洋生物技术大会，中国的藻类学研究已经取得了举世瞩目的成绩。曾呈奎教授曾担任国际藻类学会主席，这就是一个很好的例证。

　　中国的藻类学研究面向国家的需求、面向百姓的需求，理论联系实际是一个非常显著的特点。来自国外的海带、螺旋藻分别成为世界栽培和养殖产量最大的大型海藻和微藻，是中国藻类学研究成就和藻类产业发展水平的一个重要例证。目前，中国为世界提供了一半以上的大型海藻，大部分的海藻化工产品以及大部分的微藻生物量，为环境自净、生态平衡、人类健康都做出了重要的贡献。大型海藻正在成为修复海洋生态环境、提供战略生物质能源的重要途径。微藻生物量成为提供战略蛋白质和脂类资源以及具有重要营养价值和保健价值的食品、食品添加剂、保健品、化妆品等的重要来源，支撑着大健康产业和大水产行业的持续发展。

　　2015 年 8 月，由中国藻业协会、青岛市科学技术协会等单位联合举办了 2015 中国青岛藻类博览会暨首届藻类高峰论坛。论坛从藻类产业发展的辉煌历程、质量安全、转型升级、战略资源的发展路线、"一带一路"、创客培育等方面组织议题。具体包括：①辉煌历程。通过邀请齐雨藻先生、胡鸿钧先生、张学成先生等藻学前辈回顾中国藻类产业的发展历史，宣传曾呈奎等老一辈藻类学家的辉煌事迹，重温了藻业发展辉煌历程。②营养价值。由中国藻业协会秘书长关景象主持，与营养保健专家、医学专家等多角度研讨藻类营养价值和功效。③质量安全。会议颁布了国家《食用螺旋藻粉》质量标准修订稿，并向与会专家、企业家征集意见。同时，邀请大型藻类（紫菜等）产品国家标准及国际标准起草组介绍有关标准制定情况。④转型升级。会议在第一届微藻饵料饲料应用高峰论坛的基础上，组织承办了第二届微藻饵料饲料应用高峰论坛，邀请专家介绍饵料饲料研发应用现状，展示了辽宁、山东、福建等不同地域的饵料饲料应用示范模式。⑤战略资源。从微藻能源、微藻固碳等角度，探讨了我国藻类产业作为国家战略储备资源的发展路线。⑥"一带一路"。在"一带一路"的大形势下，邀请了15位我国台湾地区藻类同仁，共同探讨了面向亚太的微藻产业发展趋势。⑦微藻创客培育。邀请围绕藻类相关"双创项目"的创客，进行了路演，并设立展台与参会人员沟通。

2015年，青岛藻类博览会是在我国第一次召开的以藻类为主题的大型博览会，吸引了来自不同国家和地区约450人参会，检阅了近年来我国微藻研究及产业化应用的发展成果，为国内外和海峡两岸同仁提供了交流合作平台。会议得到了国内外藻类界同仁的支持，在此我们特别感谢John R. Benemann教授在美国广泛宣传本次会议，为本次会议的召开提供支持；特别感谢台湾大学周宏农教授在台湾地区藻类界同仁间积极宣传，并率团参会；也要特别感谢青岛市科学技术协会领导给予的大力支持，以及来自不同驻青岛高校的志愿者们为本次会议所做的辛勤付出。

本书基于本次会议收录了部分报告，回顾了我国微藻产业的发展历程，评述了微藻能源发展现状及产业化可行性，介绍了微藻饵料饲料的应用情况等，为我们拉开了中国微藻产业转型升级之路的画卷。在此，我们感谢各位作者的辛勤付出和大力支持。也要感谢为此次会议举办付出辛勤劳动的会务组成员和帮助审阅本书的专家学者。最后，感谢林珠英女士及中国农业出版社的辛勤付出和读者朋友的关注与支持。内容若有不妥之处，敬请批评指正。

我们相信，在各位同仁的努力下，我们的藻类学研究一定会更前沿、更战略、更交叉，更面向国际、面向下一代，藻类产业更健康、更持续、更高值，藻类学和藻类产业携手来共同实现美丽的地球微藻梦。

2017 年 12 月

目 录

中国螺旋藻生物技术及产业化

秦　松[1]　陈　军[1,2]

1　中国科学院烟台海岸带研究所，烟台，264003
2　中国科学院大学，北京，100049

摘　要：过去的30年，我国螺旋藻生物技术及产业化发展很快，取得了显著成就。本文将从藻种选育、规模化养殖、产品质量安全、多元化产品开发及组学时代下的螺旋藻生物技术进展进行综述，简要介绍国内外螺旋藻生物技术及产业化发展现状，并针对我国螺旋藻产业发展存在的问题与挑战，提出新时期螺旋藻产业持续发展的3+3战略。

关键词：螺旋藻；生物技术；产业化

Chinese *Spirulina* Biotechnology and *Spirulina* Biotechnology Industry: Current Conditions and Prospects

Song Qin[1], Jun Chen[1,2]

1　Yantai Institute of Coastal Zone Research，Chinese Academy of Sciences，Yantai 264003，China

2　University of Chinese Academy of Sciences，Beijing 100049，China

Abstract：Over the past 30 years，Chinese *Spirulina* biotechnology and *Spirulina* biotechnology industry developed rapidly. In this study，the current conditions of the *spirulina* industry were reviewed，including *spirulina* strain selection，*spirulina* cultivation at large scale，the quality and safety of *spirulina* products，*spirulina* products development，the progress of *spirulina* biotechnology under the era of omics and other aspects. Considered the existed problems and potential challenges in Chinese *spirulina* industry，we put forward the potential "Three-plus-Three" strategies to promote the sustainable development of Chinses *spirulina* industry in new periods.

Key words：*Spirulina*；biotechnology；industrialization

作者简介：秦松，男，研究员，中国藻业协会微藻分会会长，博士生导师，从事分子藻类学研究，E-mail：sqin@yic.ac.cn

陈军，博士研究生，中国藻业协会微藻分会秘书长，E-mail：junchen@yic.ac.cn

螺旋藻（*A. platensis*）起源于 35 亿年前，是地球上最古老的生物，属蓝藻门（Cyanophyta）、蓝藻纲（Cyanophyeeae）、颤藻目（Oseillaoriales）、颤藻科（Oseillatoriaeeae）。螺旋藻生活环境非常特殊，最初在高 pH（pH 8.5～10.5）的碱湖中被发现，水体环境中碳酸盐与重碳酸盐含量很高，可以在淡水中培养，通过人工驯化后，也可以在海水中养殖[1]。据统计，节旋藻属共有 35 个物种，目前，在我国规模化养殖的主要是钝顶螺旋藻（*A. platensis*）和极大螺旋藻（*A. maxima*）[2]。

螺旋藻富含蛋白质，含有人体所需的 18 种氨基酸，同时，含有藻蓝蛋白、螺旋藻多糖、不饱和脂肪酸等多种活性物质，是一种天然的营养保健品。藻蓝蛋白呈蓝色，具有抗肿瘤[3]、抗炎症[4]、抗肺纤维化[5]等功效[6]。螺旋藻多糖是一类酸性杂多糖，由 E-鼠李糖、F-木糖、F-葡萄糖、F-半乳糖、F-阿拉伯糖和葡萄糖醛酸等组成，具有提高免疫力[7-8]、抗病毒[9]及抗肿瘤[10]等功效。螺旋藻中也含有丰富的不饱和脂肪酸，主要包括顺-9，12-十八碳二烯酸（亚油酸）和顺-6，9，12-十八碳三烯酸（γ-亚麻酸），具有调节血脂等多种功效[11-13]。

20 世纪 70 年代，中国科学院水生生物研究所、南京大学生物系和中国科学院植物研究所等单位分别将螺旋藻藻种引入我国，主要进行生长培养及放氢试验研究。1985 年，由国家经委立项，螺旋藻蛋白质的开发利用被列入国家第七个五年计划。在著名藻类学家曾呈奎院士和黎尚豪院士的领导下，螺旋藻生理、生态、优良品系选育、养殖、加工及应用等多方面的研究在我国迅速开展，为我国螺旋藻产业发展奠定了坚实基础。经过 30 年的快速发展，中国螺旋藻生物量已近 10 000t，占世界产量的 2/3～3/4，成为世界上主要的螺旋藻生产国家，广泛应用在营养保健、医疗、饵料饲料、二氧化碳的富集与利用等领域[14]。本文将从藻种选育、规模化养殖、高值化产品开发、质量控制等角度，全面总结我国螺旋藻生物技术及其产业化现状，并针对目前螺旋藻产业发展存在的问题，提出新时期里螺旋藻产业持续发展的三步走战略。

1　螺旋藻生物技术研究进展

螺旋藻生物技术产业化的基础，在于能否获得优良藻株。我国从事微藻研究及产业化的工作者，围绕优良藻株的选育方面做了大量工作，主要包括天然分离筛选、诱变选育和基因工程育种。胡鸿钧等（2002）曾在我国内陆盐湖中分离筛选出 2 株钝顶螺旋藻新品系，该品系具有适温范围广、产 DHA 等特点，并在云南程海螺旋藻基地完成中试[15]。螺旋藻诱变育种的技术手段，主要包括物理诱变、化学诱变，常用的方法主要包括 γ 射线[16]、紫外线[17]、亚硝基胍（NTG）[18] 和甲基磺酸乙酯（EMS）[19] 等方式[20]。汪志平等利用 ^{60}Coγ 射线辐照处理螺旋藻，筛选获得 4 株藻丝长度、螺旋数、螺旋长分别为出发株的 15、10 和 1.8 倍的超长钝顶螺旋藻突变体[21]。由于较难制备易接受外源 DNA 且再生能力高的螺旋藻原生质体球，螺旋藻基因工程育种一直未能实现大规模应用。

20 世纪 90 年代以来，伴随着蓝藻基因组学的发展，螺旋藻生物技术进入基因组学时代。2006 年，秦松课题组率先利用钝顶螺旋藻的单根藻丝体扩增体系构建文库，与温州医科大学包其郁课题组合作，利用鸟枪法对钝顶螺旋藻进行了全基因组测序，共得到具有 15 倍覆盖度的 7.4Mb 拼接后的基因组草图[22]。目前，先后已经有 6 株螺旋藻基因组被测序，分别是 *A. platensis* YZ[22]、*A. platensis* C1[23]、*A. platensis* NIES 39[24]、*A. platensis* str. Paraca[25]、*A. platensis* AGB-AP02[26]、*A. maxima* CS-328[27]。螺旋藻的基因组大小平均为 6M 左右，GC 含量为 44.3%，大约有 6 000 个基因，为螺旋藻生物技术研究提供了大量的信息（表 1）。

表1 已完成测序螺旋藻基因组信息

Tab. 1 The details about the completeness of Spirulina genome sequences

种名	基因组大小	GC含量	基因数目	参考文献
A. platensis YZ	6.62Mb	44.2%	6784	Xu et al., 2016
A. platensis C1	6.09Mb	44.68%	4108	Cheevadhanarak, S. et al., 2012
A. platensis NIES 39	6.79Mb	44.3%	6044	Fujisawa T, et al., 2010
A. platensis str. Paraca	4.99Mb	—	5824	
A. platensis AGB-AP02	5.39Mb	44.38%	5989	谭扬，2010
A. maxima CS-328	6.00Mb	44.7%	5730	Carrieri D, et al., 2011

组学时代下螺旋藻生物技术的研究不仅仅局限于针对单一基因的研究，也包括对整个基因组的研究，以及基因之间相互作用关系和全局网络调控的研究。如螺旋藻比较基因组学、转录组学、蛋白组学、代谢组学等方面的研究，为指导螺旋藻育种、开展代谢调控等方面提供了较好的基础。赵方庆（2006）通过鸟枪法，对钝顶螺旋藻（A. platensis YZ）进行全基因组测序，并与其他蓝藻全基因组进行比较，深入分析了螺旋藻及其他蓝藻的限制修饰系统，提出丰富的限制修饰系统可能是导致螺旋藻不能够稳定遗传转化的重要原因[22]，这可能也是多年来利用分子遗传学手段进行螺旋藻育种工作较难以开展的原因。Huili Wang 等（2013）基于钝顶螺旋藻（A. platensis YZ）基因组信息，绘制了该藻株在不同盐度处理下的蛋白表达谱，从基因组功能实现的角度，解读了螺旋藻耐受高盐的分子机制[28]。

总之，伴随着高通量测序技术的快速发展，生物学信息量呈爆炸式增加，这为螺旋藻生物技术的研究提供了前所未有的发展机遇和新的挑战。建议日后建立专门研究基因功能和藻种选育的共享平台，如基因组范围的突变体库等，推动分子遗传学研究的发展，为开展螺旋藻代谢工程以及分子育种研究工作奠定基础。

2 规模化养殖技术逐步成熟

1973 年，世界上第一个螺旋藻养殖工厂依托墨西哥 Sosa Texcoco 碱湖建成，实现年产螺旋藻达 350t，也是当时最大的螺旋藻养殖场[2]。1989 年，我国第一个螺旋藻养殖基地在云南程海湖建成，实现年产藻粉达 150t。目前，螺旋藻规模化养殖技术日趋成熟，从东到西、自南到北，螺旋藻养殖场遍布我国各省市，并集中在一些区域，如我国内蒙古、云南、广西、海南、江西、江苏、山东等省（自治区）。

规模化养殖过程中，除了需要获得优良藻株外，水源、温度、光照、培养基、培养方式等都是需要考虑的重要因素。我国螺旋藻养殖方式主要以跑道式培养池为主，也有一些探索用光反应器生产螺旋藻的尝试[29]。例如，我国北方地区冬季温度较低，螺旋藻无法生长且光照较强，螺旋藻在露天养殖情况下会受到光抑制而影响生长，故在螺旋藻养殖池安装了薄膜大棚，用来调控螺旋藻生长。而在我国南方地区，由于温度适宜，多采用开放式跑道池养殖螺旋藻。

由于螺旋藻养殖过程较为粗放，容易引起原生动物等各类污染，开展螺旋藻养殖过程污染控制，是规模化养殖中需要关注的关键技术问题。目前，引起螺旋藻养殖污染的生物种类，主要包括溶藻细菌、病毒、杂藻以及浮游动物等。其中，以轮虫为主的浮游动物污染，是螺旋藻培养中比较突出的问题。轮虫具有较强的繁殖和摄食能力，微藻规模化培养过程中一旦发生轮虫污染，几天时间内可将培养的微藻全部食光，造成严重的经济损失。黄园等（2014）开发了以苦皮藤素/川楝素为主的植物源杀虫剂，并进行了户外使用安全性评估，效果良好[30-32]。

3　高值化产品研发有待加大投入

我国螺旋藻产品有几十种，主要分为两类：一类是以整细胞形式或经过简单的溶解等加工而成的产品，主要包括鲜藻泥、螺旋藻干粉、螺旋藻胶囊、螺旋藻片剂、螺旋藻酒、螺旋藻软饮料以及其他利用螺旋藻原料复配的食品和保健食品等；另一类是利用化学提取的方法，从螺旋藻整细胞中分离提取获得的活性物质，如藻蓝蛋白、螺旋藻多糖、藻蓝蛋白多肽等系列产品。但由于市场等因素的制约，目前市场上销售的产品仍以藻粉（分为药品级、食品级、饲料级）、藻片为主，各类以螺旋藻为原料的复方产品为辅。秦松研究员课题组开发将螺旋藻和壳聚糖等复配而成的螺旋藻壳聚糖胶囊，成功地在江苏澳新生物工程有限公司转化。

以螺旋藻为原料，经过提取分离纯化而成的藻蓝蛋白，作为食品着色剂，是目前螺旋藻深加工开发的主要产品。邵明飞等（2013）开发了采用高压细胞破碎技术处理样品，处理后的溶液经扩张床吸附层析柱后，洗脱获得藻蓝蛋白浓缩液，然后将藻蓝蛋白浓缩液与 PEG、盐调配成双水相体系，在将藻蓝蛋白所在液相液体分离，经超滤处理获得的溶液，利用冷冻干燥制备藻蓝蛋白粉的工艺技术[33-35]，并先后开展了藻蓝蛋白粉的影响因素试验、加速试验、长期稳定性试验，制定了藻蓝蛋白粉的质量指标及检测方法，完成了质量的控制规程。

2012 年，国家卫生部颁布通知面向全社会征集，关于"拟撤消藻蓝等 38 种产品作为食品添加剂"的意见，引起产业界内外的关注。来自微藻产学研一线的专家、企业家，联名向卫生部提交了"关于保留藻蓝作为食品添加剂的建议"，建议得到了相关部门的认可与采纳。参照 GB 2760—2014 中的规定，目前藻蓝（淡、海水）作为食品添加剂，可以在冷冻饮品、糖果、香辛料及粉、果蔬汁（浆）类饮料、风味饮料和果冻中使用，且最大使用量均为 0.8g/kg[36]。开发藻蓝蛋白等高值化产品，延伸螺旋藻产业链，已经成为螺旋藻养殖企业的关注热点。

此外，提取藻蓝蛋白后剩余的藻渣中仍含有丰富的螺旋藻多糖和各类营养物质，以该藻渣为原料提取螺旋藻多糖，构建藻蓝蛋白-螺旋藻多糖-藻渣联产的制备工艺，应是下一步实现资源循环增值利用的技术攻关重点。螺旋藻多糖具有抗肿瘤、提高免疫力等多种功效，具有良好的应用前景。剩余的藻渣作饲料添加剂饲喂鸡鸭等家禽动物，不仅能够提高家禽的抗病能力，而且为家禽提供丰富的营养物质。该工艺的研发不仅可以实现废弃藻渣资源的再利用，而且能够提高产品利润、拓宽螺旋藻的应用范围，也是为螺旋藻产品在饲料领域的应用探索新出路。

4 逐步建立健全质量安全体系

2012 年 2 月 29 日，国家食品药品监督局参照我国保健（功能）食品通用标准中规定"除胶囊、固体饮料外，一般食品中的重金属铅含量不得超过 0.5mg/kg"[37]，明确指出我国螺旋藻产品存在铅等重金属含量超标情况，且提出 8 个送检样品中有 6 个铅含量严重超标。两天后，国家食品药品监督局参照有关标准，"以藻类为唯一原料辅以少量辅料组方的产品，其铅指标限量为 2.0mg/kg；不以藻类为唯一原料组方的产品，其铅指标限量为 0.5mg/kg"，提出抽检样品中仅有 1 家样品存在铅超标现象。仅隔两天，但两次发布结果截然不同，主要源于对标准的误读，也反映了我国螺旋藻标准间存在争议的现象。随即，微藻产学研各界人士齐聚青岛，围绕螺旋藻的食品安全问题，向全社会发布声明，权威解读了螺旋藻的安全性和功效。该事件的发生，引起了微藻产学研各界对螺旋藻产业标准体系建立的关注。目前，我国保健（功能）食品通用标准已废止，现行有效的是食品安全国家标准"保健食品"。且该标准中明确规定，除袋泡茶剂的铅含量应≤5.0 mg/kg；液态产品的铅≤0.5mg/kg；婴幼儿固态或半固态保健食品的铅≤0.3mg/kg；婴幼儿液态保健食品的铅≤0.02mg/kg；其余产品中的铅含量≤2.0mg/kg[38]。

伴随着我国螺旋藻产业的快速发展，螺旋藻产业标准体系正在逐步建立，已经制定了以下标准，详见表2：食用螺旋藻粉质量标准（GB 16917—1997）[39]、饲料级螺旋藻粉质量标准（GB/T 17243—1998）[40]、轻工行业螺旋藻碘盐标准（QB 2829—2006）[41]、云南省地方标准"地理标志产品程海螺旋藻"（DB53/T 186—2014）[42]、福建省地方标准"螺旋藻养殖技术规范"（DB35/T 1095—2011）[43]、农业行业标准"绿色食品藻类及其制品"（NY/T 1709—2011）[44]以及国家出入境检验检疫行业标准"进出口螺旋藻粉中藻蓝蛋白、叶绿素含量的测定方法"（SN/T 1113—2002）[45]、食用藻类辐照杀菌技术规范（NY/T 2318—2013）[46]。然而，我国螺旋藻产业标准仍存在标准更新速度慢、覆盖不全面等特点。如作为食品添加剂应用的藻蓝蛋白，仍无食品安全国家标准等，也缺乏区域特点明显的养殖技术规范等。

表2　我国螺旋藻产业相关标准
Tab. 2　Related standards of Spirulina industry in China

序号	标准名称	标准性质	发布年限及部门	适用范围
1	保健食品	食品安全国家标准	国家卫生和计划生育委员/2015-05-24	适用于各类保健食品
2	绿色食品藻类及其制品	农业行业标准	农业部/2011-12-01	适用于绿色食品藻类及其制品，包括螺旋藻粉、螺旋藻片和螺旋藻胶囊等产品
3	食用螺旋藻粉	国家标准	国家技术监督局/1998-01-01	本标准适用于大规模人工培养的钝顶螺旋藻或极大螺旋藻经瞬时高温喷雾干燥制成的螺旋藻干粉
4	饲料用螺旋藻粉	国家标准	国家技术监督局/1998-10-01	适用于大规模人工培养的钝顶螺旋藻（S. platensis）或极大螺旋藻（Spirulina. maxima）经瞬时高温喷雾干燥制成的螺旋藻粉

（续）

序号	标准名称	标准性质	发布年限及部门	适用范围
5	进出口螺旋藻粉中藻蓝蛋白、叶绿素含量的测定方法	出入境检验检疫行业标准	国家质量监督检验检疫总局/2002	规定了进出口螺旋藻粉中藻蓝蛋白及叶绿素含量检验的抽样、制样和分光光度测定方法
6	螺旋藻碘盐	轻工行业标准	国家发展和改革委员会/2007	适用于以食用盐为载体，添加一定量的螺旋藻粉加工而成的螺旋藻碘盐
7	食用藻类辐照杀菌技术规范	农业行业标准	农业部/2013-08-01	适用于干海带、即食海带、干紫菜、螺旋藻等产品的辐照杀菌
8	地理标准产品程海螺旋藻	云南省地方标准	云南省质量技术监督局/2014-06-01	适用于永胜县人民政府划定的特定地域养殖生产的钝顶螺旋藻和在特定地域经县人民政府批准经有关部门审核认定的以程海生产的钝顶螺旋藻为主要原料，在特定地域内加工的螺旋藻地理标志保护产品
9	螺旋藻养殖技术规范	福建省地方标准	福建省质量技术监督局/2011-02-20	适用于敞开式跑道池反应器的螺旋藻的淡水养殖

2016 年 6 月，中国藻业协会微藻分会与青岛分析测试学会等合作成立了中国螺旋藻产品质量控制中心，以期通过为企业提供产品检测服务等，构建螺旋藻产品质量的数据库，推动螺旋藻产品标准化体系的构建，有力地保障螺旋藻产业的可持续发展。

5 展望

我国螺旋藻生物技术研究及其产业化发展迅速，但仍存在诸多问题。例如，螺旋藻藻种资源家底不清、分子遗传学发展滞后、规模化养殖技术亟待标准化、养殖废水处理亟须规范化、产品形式仍较为单一、功能定位有待于进一步明确等问题。由此，我们建议螺旋藻产业发展应遵循三步走战略：首先，应进一步建立健全螺旋藻质量安全体系建设，重塑消费者信心，树立产品公信力；其次，面向市场需求，建立从实验室到工厂、市场快速集成转化平台，丰富螺旋藻产品种类；最后，面向国家需求，创新系列技术，降低螺旋藻生物量成本，发展螺旋藻作为战略蛋白储备资源，如替代鱼粉作为水产饵料饲料等。与此同时，开拓市场是螺旋藻产业持续发展的动力，建议螺旋藻产业发展过程中，应注意市场的均衡开拓与发展。实现 1/3 的产量作为医药等高端应用，具有精准功能和疗效；1/3 的产量作为营养保健品，对接大健康产业；1/3 的产量能够作为饵料饲料，融入水产行业和农业。

参 考 文 献

［1］胡鸿钧．螺旋藻生物学及生物技术原理［M］．北京：科学出版社，2003.

［2］张学成，信式祥，李清华，等．螺旋藻——最完美的功能食品．青岛：中国海洋大学出版社，2003.

［3］李冰，褚现明，高美华，等．钝顶螺旋藻藻蓝蛋白诱导 HeLa 细胞凋亡的分子机制研究［J］．中国药理学通报，2009.（8）：1045-1050.

［4］Shih C M, Cheng S N, Wong C S. Antiinflammatory and antihyperalgesic activity of C-phycocyanin［J］．Anesth Analg, 2009. 108（4）：1303-1310.

［5］Sun, Y X, Zhang J, Yan Y J, et al. The protective effect of C-phycocyanin on paraquat-induced acute lung injury in rats［J］．Environmental Toxicology and Pharmacology, 2011. 32（2）：168-174.

［6］Fernández-Rojasa B, Hernández-Juárezb J, Pedraza-Chaverria J. Nutraceutical properties of phycocyanin［J］．Journal of Functional Foods, 2014. 11：375-392.

［7］刘力生，郭宝江，阮继红，等．螺旋藻多糖对机体免疫功能的提高作用及其机理研究［J］．海洋科学，1991.6：44-48.

［8］刘力生，郭宝江，阮继红，等．螺旋藻多糖对移植性癌细胞的抑制作用及其机理的研究［J］．海洋科学，1991.5：33-38.

［9］Lyu X H, Chen W Q, Luo S Y, et al. The immunoregulative action of polysacchrides of *Spirulina platensis* in peripheral blood mononuclear cells in patients with chronic hepatitis B virus infection［J］．Chinese Pharmacological Bulletin, 2015, 31（8）：1121-1125.

［10］于红．钝顶螺旋藻多糖抗病毒及抗肿瘤作用的研究［S］．中国海洋大学博士论文. 2003.

［11］Kapoor, R and Huang Y S. Gamma linolenic acid：an antiinflammatory omega-6 fatty acid［J］．Current Pharmaceutical Biotechnology, 2016. 7（6）：531-534.

［12］Jubie S, Dhanabal S P, Chaitanya M V. Isolation of methyl gamma linolenate from spirulina platensis using flash chromatography and its apoptosis inducing effect［J］．BMC Complementary and Alternative Medicine, 2015, 15：263.

［13］孔秀芹，戴伟民，葛海涛，等．螺旋藻来源的 γ-亚麻酸甲酯调血脂作用研究．中国海洋药物，2003.（6）：30-34.

[14] Chen J, Wang Y, Benemann J R, et al. Microalgal industry in China: challenges and prospects [J]. Journal of Applied Phycology, 2016, 28 (2): 715-725.

[15] 胡鸿钧, 李夜光, 殷春涛, 等. 含脑黄金的螺旋藻新品系的选育及其对产业发展的意义 [J]. 中国科学院院刊, 2002, 2: 112-114.

[16] 汪志平, 叶庆富, 崔海瑞, 等. 超长钝顶螺旋藻的选育及形态和生长特性初步研究 [J]. 核农学报, 1998. (3): 19-23.

[17] 陈新美, 梅兴国. 钝顶螺旋藻藻种的紫外诱变初步筛选 [J]. 生物技术, 2006. (2): 51-54.

[18] 刘奇, 臧晓南, 张学成. 钝顶节旋藻高产藻株的诱变选育 [J]. 中国海洋大学学报 (自然科学版), 2015. (4): 59-65.

[19] 黄晖, 汪志平, 张巧生, 等. 高藻胆蛋白钝顶螺旋藻新品系的选育及 RAPD 分析 [J]. 核农学报, 2007. (6): 567-571.

[20] 王妮, 王素英, 师德强. 螺旋藻诱变育种研究进展 [J]. 食品研究与开发, 2009. (2): 139-142.

[21] 赵方庆. 螺旋藻基因组结构分析和藻胆蛋白的适应性进化 [S]. 中国科学院海洋研究所, 博士论文. 2006.

[22] Xu T, Qin S, Hu Y, et al. Whole genomic DNA sequencing and comparative genomic analysis of *Arthrospira platensis*: high genome plasticity and genetic diversity [J]. DNA Research, 2016. 23 (4): 325-338.

[23] Cheevadhanarak S, Paithoonrangsarid K, Prommeenate P, et al. Draft genome sequence of *Arthrospira platensis* C1 (PCC9438) [J]. Standards in Genomic Sciences, 2012, 6 (1): 43-53.

[24] Janssen P J, Morin N, Mergeay M, et al. Genome Sequence of the Edible Cyanobacterium *Arthrospira* sp PCC 8005 [J]. Journal of Bacteriology, 2010, 192 (9): 2465-2466.

[25] Lefort F, Calmin G, Crovadore J, et al. Whole-genome shotgun sequence of *Arthrospira platensis* strain Paraca, a cultivated and edible cyanobacterium [J]. Genome Announc, 2014, 2 (4): e00751-14.

[26] 谭扬. 钝顶节旋藻 (*Arthrospira platensis* AGB-AP02) 全基因组测序及特性分析 [S]. 中国海洋大学, 博士论文. 2006.

[27] Carrieri D, Ananyev G, Lenz O, et al. Contribution of a Sodium Ion Gradient to Energy Conservation during Fermentation in the Cyanobacterium *Arthrospira* (*Spirulina*) *maxima* CS-328 [J]. Applied and Environmental Microbiology, 2011, 77 (20): 7185-7194.

［28］ Wang H，Yang Y，Chen W，et al. Identification of differentially expressed proteins of *Arthrospira*（*Spirulina*）*plantensis*-YZ under salt-stress conditions by proteomics and qRT-PCR analysis［J］. Proteome Science，2013，11（1）：6.

［29］ 徐明芳，李贻玲. 钝顶螺旋藻在 LED 光电板式光生物反应器中的培养研究［J］. 福建水产，1999，4：26-32.

［30］ Huang Y，Liu J，Li L，et al. Efficacy of binary combinations of botanical pesticides for rotifer elimination in microalgal cultivation［J］. Bioresource Technology，2014，154：67-73.

［31］ Huang Y，Li L，Liu J G et al. Botanical pesticides as potential rotifer-control agents in microalgal mass culture［J］. Algal Research-Biomass Biofuels and Bioproducts，2014，4：62-69.

［32］ Huang Y，Liu J G，Wang H Y，et al. Treatment potential of a synergistic botanical pesticide combination for rotifer extermination during outdoor mass cultivation of *Spirulina platensis*［J］. Algal Research-Biomass Biofuels and Bioproducts，2014，6：139-144.

［33］ 邵明飞，张宏宇，杨金萍，等. 响应面法优化螺旋藻藻蓝蛋白的超声波提取工艺［J］. 生物学杂志，2013.（4）：93-99.

［34］ 邵明飞，赵楠，李勇勇，等. 一步柱层析纯化螺旋藻藻蓝蛋白［J］. 生物学杂志，2013.（5）：59-63.

［35］ 邵明飞，赵楠，刘冰，等. 规模化制备藻蓝蛋白工艺技术研究进展［J］. 食品与发酵工业，2013.（2）：135-139.

［36］ GB 2760—2014　食品安全国家标准食品添加剂使用标准［M］. 2014.

［37］ GB 16740—1997　保健（功能）食品通用标准［M］. 1997.

［38］ GB 16740—2014　食品安全国家标准保健食品［M］. 2014.

［39］ GB 16917—1997　食用螺旋藻粉质量标准［M］. 1997.

［40］ GB/T 17243—1998　饲料级螺旋藻粉质量标准［M］. 1998.

［41］ QB 2829—2006　轻工行业螺旋藻碘盐标准［M］. 2006.

［42］ DB53/T 186—2014　云南省地方标准地理标志产品程海螺旋藻［M］. 2014.

［43］ DB35/T 1095—2011　福建省地方标准螺旋藻养殖技术规范［M］. 2011.

［44］ NY/T 1709—2011　农业行业标准绿色食品藻类及其制品［M］. 2011.

［45］ SN/T 1113—2002　国家出入境检验检疫行业标准进出口螺旋藻粉中藻蓝蛋白、叶绿素含量的测定方法［M］. 2002.

［46］ NY/T 2318—2013　食用藻类辐照杀菌技术规范［M］. 2013.

微藻资源开发产业的现状

刘建国[1,2,3]　徐　舟[1,2,3]

1　中国科学院实验海洋生物学重点实验室，青岛，266071
2　红球藻种质培育与虾青素制品开发国家地方联合工程中心，楚雄，650012
3　青岛海洋科学与技术国家实验室海洋生物学与生物技术
功能实验室，青岛，266071

摘　要：微藻资源的规模化开发历史相对较短,目前尚处于起步阶段。本文从藻种选育、培养模式、生产规模、地域分布、敌害生物防治等主要方面予以综述,简要介绍国内外微藻资源开发产业现状,并针对我国红球藻产业发展存在的问题与挑战,提出有效解决方案,以期为微藻产业可持续发展提供借鉴与参考思路。
关键词：微藻；资源开发；红球藻；产业化

Current status and prospects of microalgal resource industry

Jianguo Liu[1,2,3] , Ran Xu[1,2,3]

1　Key Laboratory of Experimental Marine Biology，Institute of Oceanology，
Chinese Academy of Sciences，Qingdao，Qingdao 266071，PR China

2　National-Local Joint Engineering Research Center for Haematococcus
pluvialis and Astaxanthin Products，Yunnan Alphy Biotech
Co.，Ltd.，Chuxiong 675012，China

3　Laboratory for Marine Biology and Biotechnology，Qingdao National
Laboratory for Marine Science and Technology，Qingdao 266071，China

Abstract：The large-scale exploitation of microalgae resources has a relatively short history，and is just in its start-up step. In the present paper，research advances in germplasm screening，cultivation modes，production scale，geographical location selection，contamination control during large-scale cultivation of microalgae are reviewed. On this basis，the current status of microalgae resources industry in China and abroad is described. Meanwhile，the existing problems blocking further development of *Haematococcus* industry are discussed，and efficient solutions are presented in the end，in order to provide theoretical and technical reference for the sustainable development of microalgae resource industry in our country.

Key words：microalgae；bioresource expoitation；*Haematococcus*；Industrialization

作者简介：刘建国，男，研究员，博士生导师，从事藻类与藻类生物技术研究，E-mail：jgliu@qdio.ac.cn；徐冉，博士研究生，E-mail：1274509816@qq.com

1 国际上微藻资源开发的总体概况

自然界存在着数以万计、生长快速的单细胞微藻，其生态分布十分广泛，在海洋、湖泊、池塘、河流以及潮湿的土壤、树干等各个角落都可发现不同类型的微藻。微藻是地球生物圈的重要初级生产力和水产饵料，年光合固定的CO_2占全球碳固定量的40%以上，在地球生物圈的能量转化、碳氮等元素的循环中发挥着举足轻重的作用，维持地球生态与物质能量的平衡运转。同时，在特定生境下，微藻可合成结构和生理功能独特的生物活性物质，如特殊蛋白质、不饱和脂肪酸、色素、萜类等高附加值产品，这是人类未来医药品、保健品、化工原料的重要资源，具有极高的营养保健和药学价值。另外，微藻也是最具开发潜力的生物燃料，在新型净洁可再生能源生产中也具有广阔应用前景[1]。因此，微藻将是人类未来有待开发的重要生物资源。

微藻资源的规模化开发历史相对较短，可追溯到二战时期，经过几十年发展目前尚处于起步阶段。但是，目前已形成生产规模的微藻种类还不多，仅有少数几个种。其中，包括商业化生产各类营养健康制品的螺旋藻、小球藻、盐生杜氏藻（简称盐藻）和雨生红球藻（简称红球藻），还有几种水产饵料微藻，如微拟球藻、金藻以及硅藻中的三角褐指藻和角毛藻等[2]。目前，水产饵料微藻的制备工艺相对简单，产品主要为浓缩藻液，主要作为水产育苗鲜活饵料或水生态调节制剂[3]，维持水产养殖业的健康发展。

在国际上已成功商业开发的微藻中，螺旋藻、小球藻、盐藻主要是借助开放式跑道池技术支撑发展起来的[4]。微藻的产业化大致起步于20世纪70~80年代，到目前该技术相对成熟，上述微藻的年产量总量基本较稳定地维持在1.5万~2.0万t藻粉的生产规模。就具体微藻的产量而言，螺旋藻（以钝顶螺旋藻为主）的总产量最大，约占整个微藻总产量的6~7成；其次，为小球藻（以蛋白核小球藻为代表），其产量约占微藻总产量的1~1.5成；另外，为盐藻和其他微藻种类[5,6]。

最近几年，红球藻在微藻产业中异军突起，成为微藻资源开发中的新生力量。该藻的产业化起步于20世纪80年代的中后期，由美国Cyanotech公司率先在夏威夷利用开放式跑道池技术，探索商业化开发红球藻资源[7]。经过国内外微藻业界十余年的工作积淀，红球藻资源的开发已获得突破。进入21世纪后，在微藻资源开发中，逐渐构建起以封闭式光生物反应器为主要特征，基于细胞周期调控的二步串联培养的红球藻资源开发模式，且已在美国、以色列、日本和我国等国家先后实现了该藻的产业化生产，不仅产量呈快速增长的趋势，其产品质量也取得了大幅度提升，藻粉中虾青素含量成倍增加[8,9]。以往在微藻资源开发中，螺旋藻、小球藻、盐藻分别占据产量与产值前3的排序，在近2年该排序已发生了变化。就微藻产量而言，红球藻已超过盐藻列居第3位，其年产量已达到700t，其中，美国生产的红球藻约占全球年产量的3成，以色列红球藻产量约占2成，中国红球藻产量占4成左右，其他国家约占1成左右。同时，红球藻制品的总产值也先后超过了盐藻和小球藻的产值，升到了第2位，仅次于产值最高的螺旋藻[10]。从发展趋势预测，随着红球藻产量的进一步增加和应用市场空间的不断开拓，其年产值和产量都还有很大的提升空间，在未来几年内其产值有可能超过螺旋藻，乐观地估计，其产量在十余年内甚至也有可能赶超螺旋藻。

近年来，利用发酵方法高密度培养小球藻技术也获得了实质性突破[11]，并得以规模化推广应用，小球藻产品质量和稳定性都有很大提高。因此，在传统开放池光自养生产基本稳定且未发生实质变化的情况下，小球藻产量在微藻总份额中的比例也有一定的增加，预计未来该藻产量还将有很大提升。目前，世界上生产小球藻的国家主要是日本和我国，小球藻几乎均为淡水种，以蛋白核小球藻为主要代表种[12]。

除此之外，近年来国际上对微藻新能源和微藻光合固定 CO_2 的关注度不断提高，大批生长快、抗污染能力强的微藻（如小球藻、微拟球藻和栅藻等），将成为下一步微藻资源开发潜在的新生长点。

2 我国微藻资源开发的基本现状

我国微藻资源开发在国际上占有重要地位，所生产的微藻量占全球微藻总产量的 5～6 成。其中，螺旋藻产量多年来一直在 8 000～10 000t 范围内波动，仅此 1 项约占国际微藻总产量的 40％～50％[13]。需要指出，目前我国微藻尚以藻粉生产和原料出口为主，产品的深加工，市场开拓和营销环节相对比较薄弱，微藻产值仅占国际微藻总产值的 1/5～1/4[12,14]。大力开发微藻产品，开拓市场营销，从低端市场向高端产品开发转变，是下一步我国微藻行业发展的重点命题。在我国，目前规模化开发的主要微藻种类依次为螺旋藻、小球藻、红球藻、盐藻和其他微藻。这些规模化开发的微藻大多为淡水种类，只有少数企业利用海水或一部分海水、地下咸水培养螺旋藻、海水小球藻、盐藻以及海水饵料微藻。

在我国，规模化生产螺旋藻的企业已有百余家，到目前基本上还依赖于传统的开放跑道池技术。近十年来，人工增补 CO_2 逐渐被大多生产厂家所接受，培养过程中的小苏打用量大幅度减少，同时，藻液 pH 和灰分含量也随之下降，但生物污染问题却日趋严重[15,16]。除个别企业外，我国生产螺旋藻的厂家最初主要分布在长江流域，随后其分布首先向更南方的亚热带地区偏移，最近几年更多新的螺旋藻生产企业落户地则向北方内蒙古地区聚集。其中，在亚热带养殖螺旋藻的企业（如新大泽、绿A、保尔、生巴达、海王等）主要分布在福建、广东、广西、江西、云南和海南几个省份。该地区最典型的自然环境特点是常年积温偏高，特别是海南地区温度最高，非常适宜于在高温下可快速生长的螺旋藻的规模化生产。该地区培养螺旋藻自然环境条件的不足主要是雨季较长，多云和降雨在一定程度上降低了该藻产量的进一步增加；而在云南高原地区，开展螺旋藻的环境优势在于常年温度变化较小，阳光充沛。近年来，在北方地区特别是内蒙古地区螺旋藻产业迅速兴起，成为我国螺旋藻产业发展的重要力量。该地区虽然冬季低温季节较长，但在夏季却具有辐射量强、光照时间长、白天温度高、昼夜温差大的综合优势[17]。与南方养殖不同，长江以北地区螺旋藻的规模化生产在传统开放跑道池培养基础上，还借助于温室大棚技术有效提高了培养藻液的温度，不仅增加了初春和秋末季节螺旋藻的养殖期，而且也有利于该藻的光合积累与藻体的快速生长。另外，温室的半封闭性能，也部分降低了风沙尘埃对产品质量的负面影响。上述几方面因素的综合影响，使北方内蒙古地区成为我国适宜于螺旋藻规模化生产的地区之一。

小球藻是我国最早开展规模化养殖的微藻种，可追溯于20世纪50年代末和60年代初的饥荒时期，但受当时技术落后和生产条件等多种因素的限制，小球藻规模培养并未成功，并且在随后很长时间内我国也没有持续开展小球藻产业化工作[18]。近10余年来，已有多家企业借助于开放式跑道池自养方式生产小球藻，这些生产小球藻的企业（如新大泽、绿安奇、赐百年等）主要分布在南方亚热带和温带地区，同时，这些生产小球藻的厂家一般同时或先前也曾进行螺旋藻的规模化培养。目前，我国光自养培养的小球藻年产量有数百吨，最近借助于发酵技术规模化培养小球藻在我国也获得成功，先后有几家公司（如泽元、琅琊台、大振等）成功地进行产业化开发，使我国大陆地区小球藻的年产量再上一个新台阶，全部小球藻的年总产量已超过千吨[19]，与日本一起成为国际上主要的小球藻生产国。小球藻除直接以藻粉形式进行外销国际市场外，也加工成片剂等各类营养保健制品进行国内市场开拓。另外作为水产饵料，以浓缩的小球藻鲜藻液供应水产业，用于水产苗种培育或改善水质，增加水产养殖效果[20]。

近几年，红球藻作为新资源食品在我国发展最为迅速，现已成为微藻资源开发中的重要生长点。红球藻产业化研究在我国起步于20世纪90年代早期，在中后期详细了解细胞周期及调控的基础上，突破了该藻以往难以连续培养的限制。随后，利用开放池进行产业化小试和中试论证，但却在产业化放大过程中遭受到生物污染严重等一系列问题的限制，不仅难以获得稳定性的规模化生产，而且产品质量也波动较大。进入新世纪，随着大型管道光生物反应器研制成功，逐一有效地克服了关键设备放大过程中比表面积下降、气体交换困难、细胞贴壁生长和生物污染等一系列问题[21]，使我国红球藻成为继美国开放池之后，几乎在同一期与以色列、日本（与瑞典一起）成功实现了该藻的规模化生产。目前，在我国先后宣称可规模化培养红球藻的生产企业已有 20 多家，除荆州天然虾青素有限公司外，具有一定规模的生产企业大多集中在云南高原地区（如爱尔发、绿色金可、西藻、藻井泉香、时光印迹等），所生产的红球藻藻粉的年总产量约 300t 左右，约占国际上该藻总产量的 4 成。其中，爱尔发和绿色金可（BGG）的红球藻生产量最高，约占我国红球藻目前总产能的 2/3 左右[22]。

在其他微藻资源开发中，盐藻是我国较早规模化养殖的种类之一。从 20 世纪 80 年代中后期开始，先后在天津、内蒙古、海南以及青海和山东等地区开展户外小试、中试和生产性论证[23,24]。盐藻细胞的最大特点在于在逆境（高盐、高温、高光强）条件下，可大量累积 β-胡萝卜素，并且这些 β-胡萝卜素富含顺式（特别是 9-顺式）异构体[25]。客观地讲，我国适宜于盐藻 β-胡萝卜素规模开发，兼具上述高盐、高温、高光强条件的地区并不常见，规模培养盐藻的生产季节相对较短，导致 30 多年以来该藻产业的发展相对缓慢。其中，位于内蒙古的兰太药业，是我国开发盐藻较早且有一定生产规模的企业。近年来，随着电脑普及和手机的广泛应用，如何保护眼睛、防治视力下降成为社会普遍关注的热点。基于盐藻可大量积累天然 9-顺式异构体 β-胡萝卜素，而 9-顺式异构体 β-胡萝卜素对眼睛和视力具有特殊保护作用[26]，国内外市场供应十分短缺，未来盐藻资源开发将有很大发展空间。

3　红球藻产业化对微藻资源开发的主要促进作用

如前所述，微藻资源的规模化尚处于起步阶段，以往已经形成生产规模的微藻种类并不多。通常只有几种耐污的微藻（如抗高 pH 的螺旋藻、生长快小球藻、耐高盐的盐藻），借助开放式跑道池技术实现产业化的生产[27]。而大量生长相对较慢、抗污能力不强的微藻常常难以产业化培养。然而，红球藻规模化培养的成功，改变了以往微藻资源开发的上述局面。因此，其意义不仅仅是多了一种产业化微藻，而在于对整个微藻资源开发具有明显的促进作用。

红球藻的产业化，有力地促进了微藻资源开发关键设备——大型光生物反应器装置的研制。众所周知，发酵罐在工业微生物产业中发挥着重要支撑作用，光生物反应器同样也是微藻资源开发中的关键设备[28]。以往国内外虽然也有多种类型的光生物反应器，但大多为几升、几十升到百升规模以下的小型装置。并且，这些光生物反应器多为研究型设备，造价非常高。而简易、廉价的大型光生物反应器设备的十分缺乏，严重制约了微藻产业化进程。事实上，构建大型光生物反应器并非简单地体积放大。由于微藻多为光自养生物，其生长需要光线，也就决定了大型光生物反应器构建需要高透光性的材料[29]。通常，高透光性的材料（如玻璃、有机玻璃、塑料等）既不耐高温也不耐高压，因此，难以简单地通过增高扩大规模，也不宜于高温消毒灭菌。而传统上依赖于增粗实现反应器规模放大，难免引起比表面积大幅下降，进而导致光线难以进入反应器体系内，限制了微藻光合生长。而依赖管道增长方式的反应器规模放大，通常造成气体交换效率的快速下降[30]。另外，还存在培养死角区的大量增加、细胞易贴壁生长和难以清洗等一系列问题[31,32]。

红球藻资源开发的大型管道光生物反应器的研制，首先解决了体表面积下降和气体交换困难等问题，突破了管道不超过百米的长度限制，使管道总长度有效延长到数千米，进而实现了光反应器体积从实验室的百升级以下规模，提高到中试论证和产业化生产吨级甚至几十吨级的规模[33]；其次，针对细胞易贴壁导致透光率下降和污染风险增高问题，自主研制出独特新颖、可自动清洗管道内贴壁细胞的内清理系统，减少了培养死角，避免了细胞贴壁沉积到管壁，也保持了管道的高透光性，提高了微藻光合与培养效率[34]；同时，还减少细胞贴壁所引起的变质甚至死亡，以及由此引发的生物污染，保障培养体系的均匀一致和高效运转；另外，还避免了分拆/清洗/组装与消毒等复杂过程，省时省力/降低劳动强度/减少污染，节约了清洗时间而相对增加培养时间与批次；最后，针对光生物反应器管节连接处的死角问题，自主研制出特制连接件，有效减少了玻璃管管节之间的死角区，降低了死角区细胞的附壁、沉降、死亡甚至腐败，大幅度减少敌害生物的污染几率，并提高了综合培养效率[31,35]。上述关键通用性设备大型光生物反应器的研制成果，有效解决了微藻资源规模放大过程中存在的系列共性问题，不仅使我国成为国际上同期拥有该技术的少数几个国家之一，摆脱了以往微藻资源开发缺乏设备而不得不依赖于开放跑道池的局面，为利用非耕土地资源（荒山/丘陵/盐碱地/沙漠/甚至城市建筑房顶等），以及利用各类水资源（海水、咸水、淡水等）开发不同微藻奠定了基础支撑，为细胞工程培养微藻资源生产水产饵料、微藻蛋白、高附加值产品，以及再生能源等带来了可能[36,37]。

　　除盐藻以外，以往微藻资源开发以获取生物质为主，基本以选择细胞生长速率快，耐污且可大量生产蛋白质、脂类和糖类等初级代谢产物的微藻（如螺旋藻、小球藻和饵料微藻）作为主要开发种类[38]。红球藻资源开发与之不同，该藻生长速率既不快也不耐污，单纯获取生物质并非该藻开发的主要目的，而以大量生产富含天然虾青素的制品为开发红球藻的最终目标。因此，要求红球藻资源开发过程中，同时兼顾生物质的有效生产与活性物质的大量累积[39,40]。红球藻生活史中具有非常复杂的细胞周期，存在游动与不动细胞2个阶段，具有细胞营养繁殖（出芽、二分裂）与孢子无性繁殖等多个繁殖方式。不同细胞阶段的细胞在繁殖方式、生长速率和虾青素积累能力完全不同。通常该细胞繁殖速率快时，虾青素并不大量累积；而虾青素大量积累时，细胞的生长繁殖速率却很低[41,42]。这决定了生产中，两者之间相互对立与矛盾，难以在单一系统内同时兼顾，需要有目的地的将这两个过程分开，创建基于细胞周期的二步串联培养开发模式。即第一步优化培养参数，控制细胞在游动细胞阶段使其快速繁殖，先获得充足生物量；第二步改变培养参数，诱导游动细胞转化为不动细胞，并让其大量累积虾青素[43]。

　　上述红球藻二步串联培养模式，对微藻（尤其对细胞周期复杂并且积累次生代谢产物的微藻）资源开发具普遍的启示和借鉴作用。即使对生活史相对简单的微藻，如积累β-胡萝卜素的盐藻以及高产油微藻的培养也有一定的参考价值。事实上，目前盐藻和产油微藻也多采用非常类似的二步培养技术，即在前期培养中主要以获取生物质为主，而在后期培养则侧重积累β-胡萝卜素或油脂为主[44]。应当指出，上述微藻的二步培养与红球藻产业化中所述的二步串联模式还存在很大差异的，主要体现在细胞转化的过程是否存在，前者同属一个培养阶段的前期（对数生长）与后期（稳定期甚至），而后者红球藻两步串联培养为完全不同的游动细胞和不动细胞两个培养阶段[45]。

　　敌害生物污染，是限制微藻资源开发的屏障。微藻培养体系一旦遭受敌害生物污染，不仅微藻产量大幅下降和产品质量降低，甚至导致颗粒无收，并且常常对成为后续培养的污染源，造成恶性循环，严重制约微藻产业的发展，长期以来国内外对此缺乏有效的控制方法。在红球藻资源开发中，基于该藻细胞生长环境更为温和适中、繁殖速度也较慢，因此，在规模化培养过程中敌害生物污染是非常突出的问题。如何有效控制来自于培养设备（如光生物反应器）、支撑管道系统、各类营养物质、气体、水体、营养液以及周围环境、甚至操作过程中的敌害生物污染，建立以综合预防为主的工艺措施，成为该藻产业化的重要突破方向[46]。通过长期不懈努力，我国成功实现了红球藻的产业化，以此也改变了以往微藻的粗放式培养模式，将微藻资源开发带入到精工细作的单种（甚至无菌）培养的新阶段，也将微藻细胞培养引向工业微生物开发方向，并使藻类细胞自养与微生物异养技术逐步靠拢，形成相互借鉴的细胞工程微藻资源开发态势[47]，并将逐渐成为微藻资源开发的新趋势。

参 考 文 献

［1］ Li Y G，Xu L，Huang Y M，et al. Microalgal biodiesel in China：opportunities and challenges ［J］. Appl Energy，2011，88：3432-3437.

［2］ Milledge J. Commercial application of microalgae other than as biofuels：a brief review ［J］. Rev Environ Sci Biotechnol，2010，10：1-11.

［3］ Harun R，Singh M，Forde G M，et al. Bioprocess engineering of microalgae to produce a variety of consumer products ［J］. Renew Sust Energy Rev，2010，14：1037-1047.

［4］ Borowitzka M A. Commercial production of microalgae：ponds，tanks，tubes and fermenters ［J］. J Biotechnol，1999，70：313-321.

［5］ 刘建国，徐冉. 我国微藻资源开发 30 年蝉变之路 ［J］. 生物学杂志，2017，34（2）：9-15.

［6］ 张展，刘建国. 微藻高密度培养中的生长指标和适应机制 ［J］. 海洋水产研究，2003，24（4）：36-43.

［7］ 刘伟，刘建国，林伟，等. 雨生红球藻规模化培养工艺的构建与应用 ［J］. 饲料工业，2006，27（12）：12-17.

［8］ He P，James D，James B. Astaxanthin accumulation in the green alga *Haematococcus pluvialis*：effects of cultivation parameters. Journal of Integrative Plant Biology，2007，49（4）：447-451.

［9］ Li J，Zhu D，Niu J，et al. An economic assessment of astaxanthin production by large scale cultivation of *Haematococcus pluvialis* ［J］. Biotechnol Adv，2011. 29：568-574.

［10］ Shah M M，Liang Y，Cheng J J，et al. Astaxanthin-producing green microalga *Haematococcus pluvialis*：from single cell to high value commercial products ［J］. Front Plant Sci，2016，28（7）：531.

［11］ Yan D，Lu Y，Chen Y F，et al. Waste molasses alone displaces glucose-based medium for microalgal fermentation towards cost-saving biodiesel production ［J］. Bioresour Technol，2011，102：6487-6493.

［12］ Eriksen N. The technology of microalgal culturing ［J］. Biotechnol Lett，2008，30：1525-1536.

［13］ 薛彦斌，崔效杰，刘建国. 微藻资源的研究和开发 ［J］. 食品与药品，2005，7-9.

［14］ 刘建国，龙元薷，黄园等. 微藻生物柴油研究现状与发展策略 ［J］. 海洋科学，2013，

10 (2)：132-141.

[15] Pang T，Liu J G，Liu Q，et al. Observations on pests and diseases affecting a eucheumatoid farm in China [J]. Journal Applied of Phycology，2015，27 (5)：1975-1984.

[16] Huang Y，Li L，Liu J G，et al. Botanical pesticides as potential rotifer-control agents in microalgal，Algal Research，2014，4：62-69.

[17] Madhyastha H K，Vatsala T M. Pigment production in *Spirulina fussiformis* in different photophysical conditions [J]. Biomolecular Engineering，2007，24 (3)：301-305.

[18] Liu T，Liu F，Wang C，et al. The boosted lipid accumulation in microalga *Chlorella vulgaris* by a heterotrophy and nutrition-limitation transition cultivation regime [J]. World J Microbiol Biotechnol. 2016，Dec；32 (12)：202.

[19] Odjadjare E C，Mutanda T，Olaniran A O. Potential biotechnological application of microalgae：a critical review [J]. Crit Rev Biotechnol. 2015. 23：1-16.

[20] Liu J G，Li Q Q，Liu Q，et al. Some studies on screening unicellular microalgae for biofuels and bioactive products in our laboratory and pilot platform [J]. Algological Studies，2014，145/146：99-117.

[21] Liu J G，van der Meer J P，Zhang L T，et al. Cultivation of *Haematococcus pluvialis* for astaxanthin production. Micro-algal production for biomass and high-value products [J]. Taylor & Francis，New York，USA，2015，267-293.

[22] 韩春梅，刘建国，张勇. 红球藻藻株对光强适应及工程培养中的应用 [J]. 海洋科学，2010，34 (5)：21-28.

[23] Melanie F，Robert J F，Liisa K. Carotenoid production process using green microalgae of the *Dunaliella Genus*：model-based analysis of interspecies variability [J]. Industrial & Engineering Chemistry Research，2017，56 (45)：12888-12898

[24] Anila N，Simon D P，Chandrashekar A，et al. Metabolic engineering of *Dunaliella salina* for production of ketocarotenoids [J]. Photosynth Res，2016，Mar；127 (3)：321-323.

[25] Li Q Q，Liu J G，Zhang L T，et al. De novo transcriptome analysis of an aerial microalga *Trentepohlia jolithus*：pathway description and gene discovery for carbon fixation and carotenoid biosynthesis [J]. PlosOne，2014，9 (9)：e108488.

[26] Mercedes G G，Carlos M，Javier F，et al. Production of *Dunaliella salina* biomass rich in 9-cis-beta-carotene and lutein in a closed tubular photobioreactor [J]. Journal of Biotechnology，2005，115 (1) ：81-90.

[27] Benemann J R. Open ponds and closed photobioreactors ccomparative economics. In：5th annual world congress on industrial biotechnology & bioprocessing [J].

Chicago, 2008.

[28] Pulz O. Photobioreactors: production systems for phototrophic microorganisms. *Appl. Microbiol* [J]. Biotechnol, 2001, 57: 287-293.

[29] 刘建国, 林伟, 王增福, 等. 雨生红球藻规模化培养工艺的构建与应用 [J]. 饲料工业, 2006, 27 (12): 12-17.

[30] Lee Y K, Ding S Y. Effect of dissolved-oxygen partial-pressure on the accumulation of astaxanthin in chemostat cultures of *Haematococcus pluvialis* (chlorophyta). Journal of phycology, 1995, 31 (6): 922-924.

[31] 刘建国, 张勇, 梁文伟. 支撑生物反应运转的附属管道系统及其操作工艺, 2012 年 10 月 17 日授权 (中国), ZL200910300290.0.

[32] 张勇, 梁文伟, 刘建国. 一种在线刷洗的微藻培养装置, 2012 年 12 月 19 日授权, ZL201010539991.2.

[33] Chen C Y, Yeh R, Aisyah D, et al. Cultivation, photobioreactor design and harvesting of microalgae for biodiesel production: a critical review [J]. Bioresour Technol, 2011, 102: 71-81.

[34] 刘建国, 袁毅, 李凌, 等. 管道生物反应器管内壁的清理方法. 2012 年 07 月 25 日授权 (中国), ZL201010500926.9.

[35] 梁文伟, 刘建国, 张勇. 系统化培养微藻的光生物反应器, 2012 年 11 月 16 日授权 (中国), ZL200910095026.8.

[36] 刘建国, 张京浦, 殷明焱, 等. 光生物反应器的组建 [J]. 海洋与湖沼, 1998, 29 (1): 109-110.

[37] 刘建国, 张勇. 利用荒山资源培养微藻的模式, 2013 年 10 月 23 日授权 (中国), ZL 200910300543.4.

[38] Borowitzka M A. High-value products from microalgae their development and commercialisation. J. Appl. Phycol, 2013, 25: 743-756.

[39] 刘建国, 宋萍萍, 等. 一种利用红球藻生产微藻能源 (生物柴油) 原料的工艺方法, 国家发明专利申请号: 201310053534.6

[40] Yu S I, Min S K, Shin H S. Nanocellulose size regulates microalgal flocculation and lipid metabolism. Sci Rep. 2016, 6: 35684.

[41] Zhang Z, Wang B, Hu Q, et al. A new paradigm for producing astaxanthin from the unicellular green alga *Haematococcus pluvialis*. Biotechnol Bioeng [J]. 2016, Oct; 113 (10): 2088-99.

[42] 刘建国, 殷明焱, 张京浦, 等. 雨生红球藻的细胞周期初探 [J]. 海洋与湖沼, 2000, 31 (2): 145-150.

［43］李颖逾，刘建国，林伟，等．雨生红球藻细胞转化，虾青素积累与光照强度的关系及不同品系间的差异性［J］．海洋科学，2006，30（9）：36-41．

［44］Kazamia E，Riseley A S，Howe C J，et al. An engineered community approach for industrial cultivation of microalgae［J］．Ind Biotechnol（New Rochelle N Y），2014，10（3）：184-190．

［45］Zhang Z，Huang J J，Sun D，et al. Two-step cultivation for production of astaxanthin in *Chlorella zofingiensis* using a patented energy-free rotating floating photobioreactor（RFP）．Bioresour Technol，2016，Oct 28. pii：S0960-8524（16）31495-X. doi：10. 1016/j. biortech. 2016. 10. 081.

［46］Huang Y，Liu J G，Pang T，et al. Growth inhibitory and antifeedant effects of sublethal concentrations of toosendanin on the rotifer *Brachionus plicatilis*［J］．Biomass and Bioenergy，2017，99：31-37．

［47］Bumbak F，Cook S，Zachleder V，et al. Best practices in heterotrophic high-cell-density microalgal processes：achievements，potential and possible limitations［J］．Applied microbiology and biotechnology，2011，91（1）：31-46．

雨生红球藻中虾青素检测方法综述 *

王书妍[1,a]　孟迎迎[2,3,a]　薛　松[2**]

1　内蒙古民族大学，化学化工学院，通辽，028000
2　中国科学院，大连化学物理研究所，海洋生物工程组，大连，116023
3　大连理工大学，环境与生命科学学院，大连，116024

摘　要： 由于雨生红球藻在积累虾青素的不同阶段细胞壁具有不同的特点及虾青素酯的复杂性，目前在雨生红球藻色素的提取及虾青素酯前处理方面，仍存在不同方法检测结果不一致的问题。本文对目前雨生红球藻中虾青素的检测方法进行综述评估，以期能够指导基于不同目的的快速测定雨生红球藻中虾青素的含量选择合适的方法提供指导。

关键词： 虾青素；雨生红球藻；色素提取；虾青素酯水解；HPLC分析

*　内蒙古自治区高等学校科研项目（NJZY168）
a　共同第一作者
**　通讯作者，电子信箱：xuesong@dicp.ac.cn

Determination methods of Astaxanthin in
Haematococcus pluvialis [*]

WANG Shuyan[1,a], MENG Ying-ying[2,3,a], XUE Song[2**]

1 Chemistry and Chemical Engineering College，Inner Mongolia
University for The Nationlities，Tongliao 028000，China)

2 Marine Bioengineering Group，Dalian Institute of Chemical Physics，
Chinese Academy of Sciences，Dalian 116023，China)

3 School of Life Science and Biotechnology，Dalian
University of Technology，Dalian 116024，China)

Abstract： Due tothe characters of *H. pluvialis* cell wall and the composition complexity of astaxanthin esters the results from different determination methods inconsistent at the aspects of astaxanthin extraction from *H. pluvialis* and the pretreatment of astaxsanthin esters. In present study，the determination methods of astaxsanthin in *H. pluvialis* were reviewed，including pigment extraction of *H. pluvialis*，pretreatment and detection，which provided references for the development of accurate detection methods of astaxanthin in *H. pluvialis* for different aims.

Key words： Astaxanthin; *Haematococcus pluvialis*; pigment extraction; Astaxanthin esters hydrolysis; HPLC detection

作者简介：薛松，女，研究员，博士生导师，从事能源微藻生物质代谢调控和其关键酶结构生物学研究，E-mail：xuesong@dicp. ac. cn

王书妍，女，副教授，E-mail：tl_ wsy@163. com

孟迎迎，女，博士，E-mail：mengyingying11@163. com

虾青素，化学命名为3，3'-二羟基-β，β'-胡萝卜素-4，4'—二酮，属于

酮式类胡萝卜素。研究表明，虾青素为自然界最强的抗氧化剂[1, 2]。虾青素具有抗氧化性、抗辐射、抗衰老、抗肿瘤及防治心血管疾病等功能[2, 3]，因此，具有极高的经济价值，已应用于保健品、药品、饲料添加剂、化妆品、功能食品、食品添加剂等方面[4]。虾青素生产的原料主要来自虾蟹壳[3, 5]、雨生红球藻[4]及红法夫酵母[6]中，其中，雨生红球藻中在胁迫条件下可积累虾青素达到干重的5%。由于虾青素结构中有两个手性C原子，雨生红球藻中的结构为3S、3S'构型，而合成的为手性混合物，以3R、3R'构型为主，雨生红球藻被认为是天然虾青素生产的最佳来源。

雨生红球藻在胁迫后形成胶壳状外壁，细胞内色素提取时，常规的溶剂很难进入细胞内部将色素萃出，通常需要结合破壁方法。其次，雨生红球藻细胞内虾青素主要以虾青素酯的形式存在，即不同酰基链结合的虾青素单酯分子、虾青素双酯分子，存在HPLC分析难以对其所有分子达到基线分离，且含量计算时分子量的不同。另外，虾青素在光热等条件下不稳定易发生降解，因此，造成虾青素的准确测定存在一定问题。本文从雨生红球藻中虾青素的提取、水解及检测等方面，对目前的研究状况进行了综述，以期能够指导基于不同目的快速测定雨生红球藻中虾青素的含量选择合适方法提供指导。

1　雨生红球藻中虾青素的提取

虾青素的提取是准确测定其含量的基础，也是虾青素测不准的环节之一。胁迫条件下雨生红球藻细胞虾青素积累，但细胞生长及分裂停止，形成不动孢子即胶壳细胞。成熟的胶壳细胞具有3层厚、硬的细胞壁，最外层为胶鞘（algaenan），一种强抗醋酸水解的材料。第二、三层分别为均匀和非均匀分布的甘露糖和纤维素[7]。对于具有胶壳外壁的雨生红球藻，常规的溶解提取法无法进入细胞内部将色素萃出。目前，在工业中对于雨生红球藻中虾青素，采用超临界CO_2萃取技术[7]、高压/超高压均质提取技术[8]、负压空化法[9]等。上述几种方法可有效提取虾青素，但需要藻粉量大，操作复杂，适合大规模的工业生产。应用于雨生红球藻中虾青素检测的提取方式，包括溶剂提取法、机械研磨＋溶剂提取法、二甲基亚砜（DMSO）浸提法以及纤维素酶破壁＋溶剂提取法。

1.1 溶剂提取法

溶剂浸提法操作简便、成本低，对设备要求低，只需对提取溶剂、料液比、提取温度、提取时间即可进行优化即可。常用的溶剂有丙酮[10]、乙酸乙酯、二氯甲烷及乙醇等。但由于雨生红球藻胶壳外壁，常规溶剂并不能进入细胞，虾青素的提取率较低。Mendes-Pinto 等报道了丙酮作为雨生红球藻中虾青素的提取溶剂，提取率仅为 4mg/g（每克藻粉提取虾青素质量），而机械破碎＋丙酮提取率为 19mg/g，说明溶剂并不能进入细胞内，将虾青素提取出来[10]。

Ruen-ngam 比较了利用超声辅助提取（ultrasound assisted extraction）、微波辅助溶剂萃取（microwave assisted extraction）、索式提取（soxhlet extraction）等辅助的溶剂提取法，其中，微波辅助提取 75℃ 5min，虾青素提取率达到 74%[11]。此外，为增强溶剂的提取效率，化学破壁即利用酸或碱对雨生红球藻细胞进行处理，Sarada 等报道了利用浓度为 2mol/L 的盐酸溶液 70℃处理 2min，后利用溶剂进行提取，虾青素的提取率可达 86%～94%[12]。但值得注意的是，将虾青素置于高浓度的酸或碱溶液，极易造成虾青素的降解。上述的结果说明，由于雨生红球藻特殊的细胞壁组成，直接溶剂浸提无法进入细胞，而辅助的超声、微波及酸碱处理均易造成虾青素的降解，并不适合用于虾青素的提取。

1.2 机械破壁＋溶剂提取

机械破壁是利用外力将雨生红球藻细胞壁破碎，是实验室最常用的破壁方式。雨生红球藻中虾青素检测的国标 GB/T 31520—2015 中[13]，将雨生红球藻利用玻璃匀浆器充分研磨，二氯甲烷-甲醇为溶剂对其色素进行提取。机械破碎＋溶剂的提取方法，在虾青素的检测中应用较多[10, 14-16]。机械破碎能够将细胞壁破损，其色素可达到完全提取，方法操作简单，但此方法需要将每个样品通过细胞匀浆器进行研磨，耗时、费力。

1.3　纤维素酶破壁十溶剂提取

由于雨生红球藻细胞壁主要为纤维素、果胶、脂多糖等物质组成，因此，纤维素酶、果胶酶和多糖酶等应用于雨生红球藻的破壁处理[8]。周锦珂等探索了酶法提取雨生红球藻中虾青素的新工艺[17]。纤维素酶对藻粉进行酶解处理，乙醇提取。酶解法提取的最佳工艺条件为：酶解液初始 pH4.5、酶解温度 45℃、酶用量 1.5%、酶解时间 15h。在此条件下虾青素的提取率达 94.6%，比传统的乙醇直接提取法高 61.5%。具有操作温度低、污染少、成本低、提取率高等方面的优点，易于实现绿色工业化生产，但此方法耗时较长，且高温也易造成虾青素的降解。

1.4　DMSO 浸提法

DMSO 与各种溶剂均具有良好的互溶性，另外，具有对细胞良好的渗透性，常用于药物或农药的渗透促进剂，及细胞冻存过程中的保护剂。Seely 首次报道了 DMSO 可用于微藻叶绿素及类胡萝卜素的提取[18]。Boussiba 等利用 DMSO 对雨生红球藻中的色素进行提取，70℃水浴提取 10min，重复提取2～3次藻渣可达到无色[19]，说明 DMSO 良好的渗透性，可渗透进入雨生红球藻细胞，将虾青素完全提取出来。DMSO 提取无需对雨生红球藻的细胞壁进行处理，大大简化了虾青素提取的过程，已在虾青素的检测中得到应用[20,21]。此外，世界微藻领军企业 Cyanotech 公司、日本 Fuji 公司以及中国绿 A 生物工程公司[8]等，均对 DMSO 提取雨生红球藻中虾青素的方法应用于虾青素的检测中。

利用 DMSO 作为溶胀剂，能够增大细胞壁的通透性，可以作为雨生红球藻虾青素的提取剂，简化的雨生红球藻检测中需要破壁的过程。

2　虾青素酯的水解

雨生红球藻中所积累的虾青素为全反式 3S、3'S 构型，末端环状结构中各有一个羟基，通常与 C16、C18 或 C20 脂肪酸酯化形成虾青素酯，以稳定其结构[22]。其中,大部分为虾青素单酯,约占 75％;虾青素双酯约占 20％;游离虾青素仅占 5％[12, 23]。雨生红球藻中虾青素单酯及双酯分子数高达 30 种[24],虾青素酯的复杂性,使得虾青素纯化和直接准确定量存在问题。因此,需要将提取的虾青素酯水解成游离虾青素,实现单一物质的纯化和 HPLC 准确定量。通常,虾青素酯水解的方式有皂化和酶解两种方法。

2.1 皂化法

皂化一般在 NaOH 或 KOH 甲醇溶液进行反应,将虾青素酯水解为游离虾青素。Yuan 等的研究指出,皂化过程中高的碱浓度或反应温度,有利于虾青素酯水解反应的进行,同时也加剧了虾青素的降解[14]。陈兴才等的研究也显示,游离虾青素的浓度随着碱浓度的增加直线下降[25]。Yuan 等研究虾青素酯皂化下的水解动力学及不同碱浓度下虾青素的降解,结果显示,在 22℃ 反应体系中 NaOH 浓度为 0.017 5～0.020mol/L 时,虾青素酯可水解完全,且不会发生虾青素降解;而更高浓度的 NaOH-甲醇溶液或反应温度,则会引起虾青素的明显降解[26]。虾青素酯皂化方法的条件苛刻,皂化过程中碱溶液的浓度、皂化温度及时间均会影响皂化的效率及虾青素的稳定性,也是影响虾青素准确测定的另一个环节。

2.2 酶解法

Zhao 报道了一种来自圆弧青菌(*Penicillium cyclopium*)水溶性碱性酯酶,能够将虾青素酯转化为虾青素,反应条件为 28℃ 搅拌下孵化 7h,虾青素的回收率达到 63.2％[27]。但此酶酶解效率低,并未在虾青素含量的测定中得到广泛应用。而 Jacobs 首次报道了脂溶性胆固醇酯酶,可以快速将类胡萝卜素酯进行水解[28]。目前,虽然文献对此酶解方法的研究报道较少,但酶解法作为一种温和的水解方式,被生产虾青素的国内外公司应用,所使用的胆固醇酯酶不仅能够完全水解虾青素酯,且不易造成虾青素的氧化,可以更加准确地确定虾青素的含量。

利用胆固醇酯酶对雨生红球藻含虾青素的提取物时间短,大幅提高雨生红球藻中虾青素的检测效率。

3　雨生红球藻中虾青素的定量检测

虾青素的检测方法，主要有分光光度法、水解-HPLC法、HPLC-MS法。

3.1　分光光度法

Boussiba 报道利用 5％ KOH-30％甲醇溶液加热 10min 左右破坏雨生红球藻叶绿素，然后 DMSO 提取虾青素，波长 475nm 测定其吸光度值，以计算虾青素浓度。此方法能够快速估算虾青素含量，在培养及生产中应用较多[12,29]。但有报道显示此方法中碱溶液破坏叶绿素的处理，造成虾青素 25％～40％ 的降解[16]。因此，Li 等对 Boussiba 的方法进行了改进，不经碱液处理直接由 DMSO 进行提取，可见光 530nm 波长进行检测，避免了其他类胡萝卜素及叶绿素干扰，应用于雨生红球藻中虾青素含量的快速检测[16]。耿金峰等的研究显示，雨生红球藻在培养过程中体内所含的类胡萝卜素含量与虾青素含量是呈稳定的线性关系，使用直接较容易的测定类胡萝卜素，间接获得虾青素含量的方法，可快速测定出类胡萝卜素的含量，再根据所得的类胡萝卜素和虾青素的相关性，可快速推算出雨生红球藻体内虾青素的含量。本实验室的数据也显示，基于分光光度法测定的类胡萝卜素与经酶解-HPLC 测定的虾青素的含量具有良好的线性（图 1）。因此，可以直接利用 DMSO 提取，利用分光光度法在 475nm 下测定，利用图 1 的关系即可获得准确的虾青素的含量。

分光光度法，可作为雨生红球藻培养过程中虾青素监控的快速检测手段。

3.2　水解-HPLC法

雨生红球藻提取色素经皂化或酶解前处理后，HPLC 可对游离虾青素进行准确测定。目前，虾青素测定的国标 GB/T 31520—2015 采用皂化后 HPLC 测定的方法[13]，分离色谱柱为反相 C30 柱，20min 可完成皂化后全反式游离虾青素、9-顺-虾青素、13-顺-虾青素的检测。Yuan 利用 C18 柱对虾青素酯皂化后产物进行分析，甲醇/二氯甲烷/乙腈/水作为流动相梯度洗脱，16min 完成单样检测[30]。而 Cyanotech 公司雨生红球藻含量测定方法为，将提取色素酶

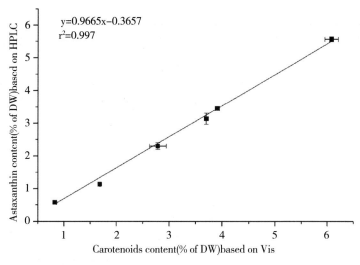

图1 分光光度法测定类胡萝卜素含量与 HPLC 法虾青素含量的
线性关系

Fig. 1 Correlation between the carotenoids content based on Vis
and the astaxanthin content based on HPLC

解后进行 HPLC 测定。这种经水解前处理将虾青素酯转变为虾青素，可把含
有虾青素化合物的混合成分转变为检测虾青素单一成分，使 HPLC 分析更加
简单，能够准确定量，重复性高。更多虾青素反相色谱分离条件总结于表1中。

表1 文献报道虾青素的 HPLC 及 HPLC-MS 测定条件

Tab. 1 Established methods to astaxanthin detection based on HPLC and HPLC-MS

色素提取	分离色谱柱	流动相	检测器	离子源	参考文献
HCl 70℃ 2min 处理；丙酮提取	C18	（A）丙酮 （B）甲醇：水（9：1 V/V）	PAD	—	[12]
匀浆处理；甲醇：二氯甲烷（3：1, V/V）提取	C18	（A）二氯甲烷：甲醇：乙腈：水（5.0：85.0：5.5：4.5, V/V） （B）二氯甲烷：甲醇：乙腈：水（22.0：28.0：45.5：4.5, V/V）	PAD	—	[14]
甲醇：二氯甲烷（3：1, V/V）提取	YMC Carotenoid C30	（A）甲醇 （B）MTBE	PAD		[31]

（续）

色素提取	分离色谱柱	流动相	检测器	离子源	参考文献
	C30	(A) 甲醇：TBME：水 (83：15：2, V/V) (B) 甲醇：TBME：水 (8：90：2, V/V)		APCI 正离子模式	[24]
匀浆处理 甲醇：乙酸乙酯：石油醚(1：1：1,V/V)	C30	(A) 甲醇：TBME：水 (81：15：4, V/V) (B) 甲醇：TBME：水(6：90：4, V/V)		APCI 负离子模式	[22]
石油醚浸提	YMC	(A) 乙腈：水 (83：17, V/V) (B) 乙腈：水 (98：2, V/V)	DAD	APCI 正离子模式	[23]
—	C18	(A) 水、(B) 乙腈、(C) 乙酸乙酯，均含0.10%甲酸	PAD；LTQ-Velos 双离子阱质谱	MALDI；ESI	[32]

注：PAD：光电二极管阵列检测器；DAD：二极管阵列检测器；APCI：大气压化学电离源；ESI：电喷雾电离；MALDI：基质辅助激光解吸电离；TBME：甲基叔丁基醚

3.3 HPLC-MS 法

由于提取虾青素及其酯衍生物的多样性及复杂性，常规的分光光度法及HPLC 法并不能识别不同虾青素酯分子间的差别，质谱利用虾青素酯分子间质量及碎片信息的差别能够较好的分辨不同的分子，进而进行定性及定量分析。提取的色素样品不经前处理直接 HPLC/MS 的测定方法，避免了皂化过程中虾青素的降解，可实现虾青素、虾青素酯分子、其他类胡萝卜素及叶绿素的同时测定，在虾青素成分确定及虾青素代谢机理研究中具有一定应用。Holtin 等利用 LC-（APCI）MS，对雨生红球藻中游离虾青素异构体、虾青素单酯、虾青素双酯及叶黄素进行了定性分析[24]。Weesepoel 等利用 ESI-IT 及MADIL-TOF/TOF，对雨生红球藻中的虾青素酯进行了更加细致的分析，包括虾青素酯酰基链的确定及顺反异构体的区分[32]。更多虾青素及其酯衍生物的色谱分离总结于表 1 中。值得注意的是，类胡萝卜素及虾青素酯的低极性，常用的软电离 ESI 离子源难以将其离子化，APCI 离子源较多的应用于虾青素酯的分析。

　　本文通过对目前雨生红球藻中虾青素的提取、水解及检测方法进行了综述与评估，DMSO 溶剂提取后直接进行分光光度法在波长 475nm 下进行检测，根据分光光度法测定类胡萝卜素含量与 HPLC 法虾青素含量的线性关系快速计算虾青素含量。此方法更利于快速获得研究过程中的相关重要参数。而 DMSO 提取后，胆固醇酯酶进行水解，HPLC 测定游离虾青素的含量，可作为准确测定虾青素含量的方法。对于不同的检测目的，可以采用不同的方法进行分析，而不同实验室或方法间的数据比较，应该要把数据矫正到提取样品的水解处理，HPLC 分析之后的结果进行分析。

参 考 文 献

[1] Kobayashi M, Sakamoto Y. Singlet oxygen quenching ability of astaxanthin esters from the green alga Haematococcus pluvialis [J]. Biotechnology Letters, 1999, 21 (4): 265-269.

[2] Naguib Y M A. Antioxidant activities of astaxanthin and related carotenoids [J]. Journal of Agricultural and Food Chemistry, 2000, 48 (4): 1150-1154.

[3] Higuera-Ciapara I, Félix-Valenzuela L, Goycoolea F M. Astaxanthin: A review of its chemistry and applications [J]. Critical Reviews in Food Science and Nutrition, 2006, 46 (2): 185-196.

[4] Cuellar-Bermudez S P, Aguilar-Hernandez I, Cardenas-Chavez D L, et al. Extraction and purification of high-value metabolites from microalgae: essential lipids, astaxanthin and phycobiliproteins [J]. Microbial Biotechnology, 2015, 8 (2): 190-209.

[5] Lin W C, Chien J T, Chen B H. Determination of Carotenoids in spear shrimp shells (*Parapenaeopsis hardwickii*) by liquid chromatography [J]. Journal of Agricultural and Food Chemistry, 2005, 53 (13): 5144-5149.

[6] 倪辉，洪清林，肖安风，等. 一株法夫酵母虾青素高产菌株的生产性能 [J]. 生物工程学报，2011，27 (7): 1065-1075.

[7] Kim D-Y, Vijayan D, Praveenkumar R, et al. Cell-wall disruption and lipid/astaxanthin extraction from microalgae: *Chlorella* and *Haematococcus* [J]. Bioresource Technology, 2016, 199: 300-310.

[8] 余绍蕾，杜伟春，鸭乔，等. 酶解结合物理法对雨生红球藻破壁处理的工艺研究 [J]. 食品工程，2016 (4).

[9] 祖元刚，刘莉娜，薛艳华，等. 负压空化法提取虾青素 [J]. 东北林业大学学报，2007，35 (2): 59-60.

[10] Mendes-Pinto M M, Raposo M F J, Bowen J et al. Evaluation of different cell disruption processes on encysted cells of *Haematococcus pluvialis*: effects on astaxanthin recovery and implications for bio-availability [J]. Journal of Applied Phycology, 2001, 13 (1): 19-24.

[11] Ruen-ngam D, Shotipruk A, Pavasant P. Comparison of extraction methods for recovery of astaxanthin from *Haematococcus pluvialis* [J]. Separation Science and

Technology，2011，46（1）：64-70.

［12］Sarada R，Vidhyavathi R，Usha D，et al. An efficient method for extraction of astaxanthin from green alga *Haematococcus pluvialis*［J］. Journal of Agricultural and Food Chemistry，2006，54（20）：7585-7588.

［13］GB/T 31520—2015. 红球藻中虾青素的测定-液相色谱法［P］. 2015.

［14］Yuan J P，Chen F. Chromatographic separation and purification of trans-astaxanthin from the extracts of *Haematococcus pluvialis*［J］. Journal of Agricultural and Food Chemistry，1998，46（8）：3371-3375.

［15］孙伟红，肖荣辉，冷凯良，等. 雨生红球藻中虾青素的C30 -反相高效液相色谱法测定［J］. 分析测试学报，2010，29（8）：841-845.

［16］Li Y，Miao F，Geng Y et al. Accurate quantification of astaxanthin from *Haematococcus* crude extract spectrophotometrically［J］. Chinese Journal of Oceanology and Limnology，2012，30（4）：627-637.

［17］周锦珂，李金华，葛发欢，等. 酶法提取雨生红球藻中虾青素的新工艺研究［J］. 中药材，2008，31（9）：1423-1425.

［18］Seely G R，Vidaver W E，Duncan M J. Preparative and analytical extraction of pigments from brown algae with dimethyl sulfoxide［J］. Marine Biology，1972，12（2）：184-188.

［19］Boussiba S，Vonshak A. Astaxanthin accumulation in the green alga *Haematococcus pluvialis*［J］. Plant and Cell Physiology，1991，32（7）：1077-1082.

［20］Orosa M，Franqueira D，Cid A，et al. Analysis and enhancement of astaxanthin accumulation in *Haematococcus pluvialis*［J］. Bioresource Technology，2005，96（3）：373-378.

［21］Boussiba S，Bing W，Yuan J P，et al. Changes in pigments profile in the green alga *Haeamtococcus pluvialis* exposed to environmental stresses［J］. Biotechnology Letters，1999，21（7）：601-604.

［22］Breithaupt D E. Identification and quantification of astaxanthin esters in shrimp（*Pandalus borealis*）and in a microalga（*Haematococcus pluvialis*）by liquid chromatography mass spectrometry using negative ion atmospheric pressure chemical ionization［J］. Journal of Agricultural and Food Chemistry，2004，52（12）：3870-3875.

［23］Miao F P，Lu D Y，Li Y G，et al. Characterization of astaxanthin esters in *Haematococcus pluvialis* by liquid chromatography-atmospheric pressure chemical ionization mass spectrometry［J］. Analytical Biochemistry，2006，352（2）：176-181.

［24］Holtin K，Kuehnle M，Rehbein J，et al. Determination of astaxanthin and astaxanthin esters in the microalgae *Haematococcus pluvialis* by LC-（APCI）MS and character-ization of predominant carotenoid isomers by NMR spectroscopy ［J］. Analytical and Bioanalytical Chemistry，2009，395（6）：1613-1622.

［25］陈兴才，黄伟光，欧阳琴. 雨生红球藻中虾青素酯的皂化及游离虾青素的纯化分离 ［J］. 福州大学学报（自然科学版），2005，33（2）：264-268.

［26］Yuan J P，Chen F. Hydrolysis kinetics of astaxanthin esters and stability of astaxanthin of *Haematococcus pluvialis* during saponification ［J］. Journal of Agricultural and Food Chemistry，1999，47（1）：31-35.

［27］Zhao Y，Guan F，Wang G，et al. Astaxanthin preparation by lipase-catalyzed hydrolysis of its esters from *Haematococcus pluvialis* algal extracts ［J］. Journal of Food Science，2011，76（4）：C643-C650.

［28］Jacobs P B，Leboeuf R D，McCommas S A，et al. The cleavage of carotenoid esters by cholesterol esterase ［J］. Comparative Biochemistry and Physiology B-Biochemistry & Molecular Biology，1982，72（1）：157-160.

［29］耿金峰，张惠敏，杨建强，等. 雨生红球藻中虾青素含量的快速测定方法 ［J］. 食品研究与开发，2016，37（12）：125-128.

［30］Yuan J P，Chen F. Identification of astaxanthin isomers in *Haematococcus lacustris* by HPLC-photodiode array detection ［J］. Biotechnology Techniques，1997，11（7）：455-459.

［31］Peng J，Xiang W，Tang Q，et al. Comparative analysis of astaxanthin and its esters in the mutant E1 of *Haematococcus pluvialis* and other green algae by HPLC with a C30 column ［J］. Science in China Series C-Life Sciences，2008，51（12）：1108-1115.

［32］Weesepoel Y，Vincken J-P，Pop R M，et al. Sodiation as a tool for enhancing the diag-nostic value of MALDI-TOF/TOF-MS spectra of complex astaxanthin ester mixtures from *Haematococcus pluvialis* ［J］. Journal of Mass Spectrometry，2013，48（7）：862-874.

中国盐藻产业回顾与展望

辛乃宏[1*]　　朱国梁[1]

1　中盐工程技术研究院有限公司，天津，300450

摘　要：本文介绍了盐藻的基本知识、盐藻的应用价值、国外盐藻的产业状况，对国内盐藻产业的发展历程进行了回顾，并对今后国内盐藻产业的发展进行了展望。

关键词：盐藻；盐藻胡萝卜素；盐藻多糖

Review and prospects of alga *Dunaliella salina* culture in China

Naihong Xin，Guoliang Zhu

1　Salt Research Institute，CNSIC 300450
No. 831，Yingkou Road，Tanggu，Binhai New Area，Tianjin，
PR. China，300450

Abstract：In the paper，the basic knowledge and application of alga *Dunaliella salina* was introduced，the culture of *D. salina* in the world，especially in China was reviewed. Future development of *D. salina* industry in China was discussed.

Key words：*Dunaliella salina*；carotenoids of *D. salina*；Polysaccharide of *D. salina*

＊ 通讯作者

作者简介: 辛乃宏，男，教授级高级工程师，从事盐田生物技术研究，E-mail: xinnaihong626@163.com

1 盐藻

1838 年，法国生物学家 Michel Felix Dunal 报道，发现法国南部地中海沿岸蒙彼利埃（Montpellier）某些盐池的卤水中有一种具有双鞭毛且能游动的红色单细胞藻类。1905 年，Teodoresco[1] 将此藻在杜氏藻属中做了分类描述，并定名"盐生杜氏藻"（*Dunaliella salina* Teodoresco），又名"盐藻"。盐藻为单细胞绿藻，无细胞壁，个体大小为长 16～24μm、宽 10～13μm，盐藻体型变化大，有梨形、椭圆形等。盐藻是已知的地球上最耐盐的光合真核生物，且具有广泛适盐和适温范围，从海水（3% NaCl）到 NaCl 饱和卤水（31% NaCl），从 0℃ 至 38℃[2,3]。盐藻藻体内有一杯状色素体，可积累类胡萝卜素，以油滴的形式分布于叶绿体的周围，其 β-胡萝卜素含量为自然界生物之首[3]，含量高达 14%。盐藻类胡萝卜素由顺式和反式 β 胡萝卜素的异构体构成[4]，一个典型的盐藻类胡萝卜素的组成为：15-cis-β-胡萝卜素占 10%；9-cis-β-胡萝卜素占 41%；全反式 β-胡萝卜素占 42%；其他异构体占 6%[5,6]。盐藻中还可以积累大量的甘油[7]，含有不饱和脂肪酸、多糖等多种其他活性物质（图 1）。

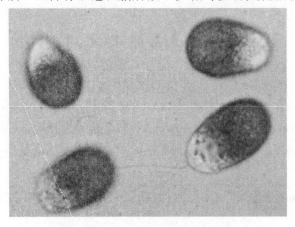

图 1　盐藻（*Dunaliella salina*）

Fig. 1　*Dunaliella salina* cells

2 盐藻的应用价值

盐藻的应用价值，主要体现在其具有已知生物最高的类胡萝卜素含量和较高的盐藻多糖等营养物质。国外早期的研究表明，胡萝卜素具有抗氧化和自由基清除作用[8,9]，具有肿瘤，特别是上皮瘤，如肺癌等的防治作用[10]。十几年来，国内对盐藻的保健和医疗作用也进行了不少研究工作。郭连城等[11]研究盐藻粉及其软胶囊的生产方法、食用安全性、功能及产品标准。动物试验表明，盐藻粉软胶囊具有抗辐射、抑制肿瘤和免疫调节的保健功能。高峰等[12]的研究结果也表明，在一定剂量范围内天然盐藻提取物具有增强免疫力功能作用。刘维佳等人[13]的研究，证实了盐藻软胶囊对糖尿病患者有一定的提高免疫功能及降低血液黏度的作用。48例复发性口疮的临床统计表明，服用天然盐藻提取物，能起到较少复发、减轻症状等作用，效率达85％以上[14]。长期服用盐藻胡萝卜素的不少用户反馈，盐藻胡萝卜素对口腔溃疡和胃溃疡有一定的治疗作用。刘瑶等[15]做的动物实验结果表明，盐藻对急性酒精性肝脂质代谢紊乱和肝脏病理损伤有一定的保护作用，而这种保护作用可能与其增强抗氧化能力、减少脂质过氧化损伤有一定的关系。盐藻胡萝卜素可以在肿瘤化疗过程中起到升高白细胞的作用，盐藻素＋维生素E能够预防化疗所致的白细胞下降，提高人体内胆碱酯酶活性和人体的抗氧化功能，从而降低非小细胞肺癌患者化疗不良反应[16]。中盐院20世纪90年代中期获得了具有升高白细胞功能的盐藻胡萝卜素油溶液的保健品批号，并应用癌症化疗时的临床试验。刘维佳等[17]研究盐藻素对亚健康人群抗氧化作用和对血清内皮素C-反应蛋白肿瘤坏死因子的影响，盐藻素可降低C-反应蛋白升高肿瘤坏死因子，有明显的抗氧化作用。

盐藻胡萝卜素作为一种重要的食品添加剂和维生素补充剂，已列入中国食品目录，具有较高的食品安全性。盐藻胡萝卜素可以作为具有营养价值食品着色剂，补充人体所需的维生素A，而且不会带来维生素A过量引起的中毒。

盐藻细胞内含有高达10％的盐藻多糖。20世纪90年代，轻工业部制盐工业科学研究所（1999年院所转制，更名"中盐制盐工程技术研究院"，本文简称"中盐院"，下同）与武汉大学生命科学院合作，在国家重点科技项目攻关计划"海洋生物多糖新药盐藻多糖复合物的研究"的支持下，完成了盐藻多糖提取工艺的研究，发现多糖复合物可以刺激机体产生抗体，提高脾淋巴细胞转化率，增强免疫功能，对小鼠 S180 肿瘤的生长有一定抑制作用。后期又有多人对盐藻多糖的提取工艺进行了研究[18-20]。

3 盐藻的国外研究及产业状况

国外对盐藻的研究长达 100 多年，2005 年，Aharon Oren 对盐藻研究 100 年的历史做了全面的回顾[21]。国外盐藻养殖主要在澳大利亚和以色列，这两个国家采取不同的养殖模式。澳大利亚采用一种粗放式的养殖模式，这种模式利用西澳大利亚泻湖（HUTT LAGOON）的自然盐湖，建成大约每个养殖池 5hm² 的盐藻养殖池，在大约 25％ 的高盐度下养殖，养殖卤水取自盐湖，用海水调节养殖池的盐度，添加营养盐，靠自然的风力搅拌，养殖周期大约 9 个月。位于澳大利亚泻湖的巴斯夫公司（BASF）盐藻养殖基地总面积 50hm²。盐藻采用气浮采收模式，从藻粉中提取胡萝卜素，产品主要为 20％、30％ 胡萝卜素含量的油溶液，产品全球销售。以色列盐藻养殖采用的是半精养模式，跑道池养殖，搅拌桨搅拌，通入二氧化碳。这种模式养殖密度较高，生物量增殖每天可以达到 2g/m²，盐藻生物量可以达到 0.3g/L，胡萝卜素含量平均 5％，盐藻产量和质量较为可控。以色列盐藻养殖面积 10hm²，采收模式为离心机采收，产品是经喷雾干燥为盐藻藻粉。该养殖基地由 NBT 公司控制，NBT 是日本 Nikken Sohonsha 公司的子公司（图 2、图 3）。

图 2 澳大利亚盐藻养殖

Fig. 2 *Dunaliella salina* culture in Australia

图 3　以色列盐藻养殖

Fig. 3　*Dunaliella salina* culture in Israel

4　盐藻的国内产业化历程

盐藻与螺旋藻、小球藻一起，是国内最早开发的 3 个经济微藻之一。1986年，在联合国计划开发署（UNDP）项目"盐田卤水生物技术（Biotechnology of salt ponds）"的资助下，中盐院最早开始了盐藻规模化养殖技术研究；同年，在国家"七五"攻关计划项目"饲料开发－藻类蛋白饲料开发（75-05-03）"的支持下，与螺旋藻等藻类一起作为藻类蛋白饲料源开启了商业化开发的历程。30 年来，中盐院先后承担部级市级项目、国家攻关项目、联合国援助项目 18 项，获专利授权 4 项，部级以上成果奖 3 项（1995 年国家科技进步三等奖、1992 年轻工部科技进步一等奖、1991 年国家"七五"科技攻关重大成果奖）。系统地攻克了盐藻的大面积养殖、盐藻中胡萝卜素和盐藻多糖的提取等多项技术，开发出了盐藻胡萝卜素晶体、盐藻胡萝卜素口服油溶液、盐藻胡萝卜素水分散型干粉、盐藻粉软胶囊、盐藻提取物软胶囊、盐藻硒多糖等多种盐藻产品。

在国家"七五"计划期间，中盐院承担了国家"七五"攻关项目"饲料开发－藻类蛋白饲料开发"中的"盐藻中胡萝卜素的提取及应用技术的研究""藻类大量培养技术""藻类采收、加工、干燥技术的研究"等 3 个课题的研究，同时，承担联合国开发计划署援助项目"盐田卤水生物技术"。这些项目的实施，填补了我国盐田生物研究方面的多项空白，为中盐院开创了盐田生物技术这一新的研究领域，奠定了盐藻、卤虫等卤水生物技术研究的坚实基础。
1990 年，中盐院成功地举行了卤水生物方面的国际研讨会。

"八五"期间，中盐院将盐田生物研究的重点放到了高胡萝卜素含量盐藻藻种的筛选，胡萝卜素系列产品的深度开发，盐田生物在盐田生态系统中的作用，利用盐田生物提高原盐生产的产量和质量，以及中国卤虫资源的进一步开发利用等方面。在盐藻研究方面，中盐院实施了国家"八五"攻关项目"天然胡萝卜素保健食品研究"，轻工业部项目"高含量胡萝卜素盐藻品系遗传、诱变筛选"和"利用盐田养殖盐藻提取天然胡萝卜素"。通过项目的实施，中盐院盐藻的养殖技术上了一个新台阶，开发出了系列盐藻胡萝卜素产品，如天然胡萝卜素口服液、天然胡萝卜素分散性干粉、天然胡萝卜素口服液（水剂）等。在"八五"期间，中盐院利用前期项目成果在内蒙古吉兰泰盐场实施了国家火炬计划项目，使盐藻养殖和胡萝卜素提取实现了产业化。

"九五"期间，中盐院进一步加大盐藻研究及产业化开发的力度，先后实施国家"九五"攻关项目"盐藻多糖复合物的研究"，天津市重大科技攻关项目"盐藻生物资源综合开发及产业化研究"，轻工业部项目"盐藻中多糖和复合氨基酸的提取研究"，"盐藻中二萜化合物的研究"以及"微藻采收新工艺及设备的研究"。通过项目的实施，中盐院开发出了杜氏藻粉、杜氏藻粉软胶囊等产品，建成年产 2t 食用级盐藻粉中试工厂。

"十五"期间，中盐院加强了其他藻类产品的开发，先后实施科技部科研院所转制项目"杜氏藻、圆石藻高密度养殖及产品开发"和天津市科委培育项目"圆石藻高密度养殖及开发"，对圆石藻的养殖条件和采收方法进行了深入研究，开发出了圆石藻的保健食品。

"十一五"期间，中盐院同南开大学一起，开展了杜氏盐藻品种改良与番茄红素规模化开发技术研究，通过基因敲除技术使 β-胡萝卜素含量高、但番茄红素含量低的杜氏盐藻细胞内番茄红素 β-环化酶基因失活，获取稳定遗传的高含量番茄红素杜氏盐藻新品系，番茄红素产率远高于国内外同类研究水平。通过提高盐藻粉产量和质量新技术的研究，建立了盐藻的全新培养模式，采用了卤水膜处理循环利用技术，降低了重金属含量。

"十二五"期间，中盐院对盐藻的工厂化养殖技术进行了研究，建立了新的盐藻养殖工艺，开发出了盐藻新产品（图 4 至图 7）。

图 4 盐藻养殖小试

Fig. 4 *Dunaliella salina* culture experiment in Erlenmeyer flasks

图 5 盐藻研究初期简易养殖池

Fig. 5 Simple *Dunaliella salina* raceway ponds for preliminary research

图 6 盐藻中继扩种池

Fig. 6 Intermediate *Dunaliella salina* ponds

图 7　国内 90 年代盐藻养殖池

Fig. 7　*Dunaliella salina* raceway ponds built in the 1990s in China

5　盐藻养殖技术国内外交流

回顾中国盐藻产业走过的 30 多年历程，先后经历请进来、走出去，到自主研发等不同发展阶段，国内外技术交流在盐藻产业发展过程中发挥了重要作用。

20 世纪 80 年代末至 90 年代初，在联合国计划开发署项目的支持下，中盐院先后邀请了世界上知名的藻类专家，中盐院也派出了自己的专业技术人员到国外考察和进修。

国内也有不少专家学者对中盐院的盐藻项目给予了大力支持，曾呈奎、黎尚豪院士多次到中盐院指导盐藻养殖（图 8 至图 12）。

图 8　美国著名藻类学家 Ralph. A. Lewin、郑兰娜夫妇来中盐院讲学

Fig. 8　American algologist Ralph. A. Lewin and Dr. Lanna Cheng visited SRI and gave lecture

图 9　以色列藻类学家 Ami Ben-Amotz 来中盐院交流

Fig. 9　Israel algologist Ami Ben-Amotz visited SRI and gave lecture

图 10 澳大利亚盐藻学家 Michael A. Borowitzka 教授来中盐院讲学

Fig. 10 Australian algologist Michael A. Borowitzka visited SRI and gave lecture

图 11 藻类学家黎尚豪院士到中盐院指导盐藻养殖

Fig. 11 Chinese algologist Li Shanghao visited SRI and guided Dunaliella salina culture

图 12 藻类学家曾呈奎院士多次到中盐院指导盐藻养殖和出席会议

Fig. 12 Chinese algologist Tseng Chengkui visited SRI several times and Chaired international symposium on biotechnology of saltponds

6 盐藻产业发展展望

同澳大利亚和以色列这两个国家的盐藻产业相比，我国适合于盐藻养殖的地域还比较少，盐藻的产业化规模比较小，产品的应用领域还需要进一步开拓。目前，随着人们对盐藻及其产品认可度的不断加强，盐藻产业出现了较好的发展机遇。今后要促进我国盐藻产业的发展，还要在以下方面开展工作：①扩大西北盐湖地区盐藻的养殖规模，创新养殖模式和采收技术，降低盐藻的养殖成本；②创新盐藻的提取技术，对盐藻胡萝卜素、多糖等有效成分进行综合开发，提高盐藻的附加值；③扩大盐藻产品的应用领域，做到食品、保健食品、药品领域应用的协同并进。

参 考 文 献

［1］ Teodoresco E C. 1905. Organisation et development du *Dunaliella* nouveau genre de Vol-vocaceae-Polyblepharidee ［J］. Botanisches Zentralblatt Beiheft，18：215-232.

［2］ Ginzburg M. 1987. *Dunaliella*：a green alga adapted to salt ［J］. Adv. Bot. Res，14：93-183.

［3］ Borowitzka M A，Borowitzka L J. 1988. Limits to growth and carotenogenesis in labora-tory and large-scale outdoor cultures of *D. salina* ［C］. In Stadler T，Mollion J，Berdus M C，Karamanos Y，Morvan H，Christiane D（eds.）. Algal Biotechnolo-gy. Elsevier Applied Science，Barking，139-150.

［4］ Ben-Amotz A，Lers A，Avron M. 1988. Stereoisomers of β-carotene and phytoene in the alga *D. bardawil* ［J］. Plant Physiol，86：1286-1291.

［5］ Ben-Amotz A，Katz A，Avron M. 1982. Accumulation of β-carotene in halotolerant al-gae：purification and characterization of β-carotene-rich globules from *D. bardawil* (Cholorophyceae) ［J］. J. Phycol，18：529-537.

［6］ Borowitzka L J，Borowitzka M A. 1989. B-carotene (Provitamin A) production with al-gae. In Vandamme EJ（ed.）. Biotechnology of Vitamins，Pigments and Growth Factors ［R］. Elsevier Applied Science，London，15-26.

［7］ Ben-Amotz A，Avron M. 1982. The potential use of *Dunaliella* for the production of glycerol，B-carotene and high-protein feed ［R］. In San Pietro A（ed.），Biosaline re-search：A look to the future. Plenum Pub. Corp.，New York，207-214.

［8］ Burton G W，Ingold KU. 1984. B-carotene：An unusual type of lipid antioxidant ［J］. Science，224：569-573.

［9］ Terao J. 1989. Antioxidant activity of β-carotene-related carotenoid in solution ［J］. Lip-ids，24：659-661.

［10］ Peto R，Doll R，Buckley J D，Sporn MB. 1981. Can dietary beta-carotene materially reduce human cancer rates ［J］. Nature，290：201-208.

［11］ 郭连城，张俊杰，崔志强，等. 2003. 盐藻粉及盐藻粉软胶囊的研究开发 ［J］. 海湖盐与化工，32（2）：23-25.

［12］ 高峰，张琨，孟令仪，等. 2014. 天然盐藻提取物对小鼠免疫功能影响的研究 ［J］. 中国卫生工程学，13（5）：374-376.

［13］刘维佳，夏立营，崔坤敏，等 . 2009. 盐藻软胶囊对糖尿病患者免疫功能及血液黏度的影响［J］. 中国中药杂志，34（8）：1032-1033.

［14］李光亮，王玮江 . 2012. 天然胡萝卜素胶囊治疗复发性口疮 48 例观察［J］. 新疆中医药，30（4）：143.

［15］刘瑶，杨文祥，孙凡中，等 . 2011. 盐藻软胶囊对急性酒精性肝损伤的保护作用［J］. 公共卫生与预防医学，22（2）：101-102.

［16］李国星，李怡岚，王长利，等 . 2008. 盐藻素＋维生素 E 对非小细胞肺癌患者化疗不良反应的临床研究［J］. 中国慢性病预防与控制，16（4）：365-367.

［17］刘维佳，崔坤敏，夏立营，等 . 2011. 盐藻素抗氧化及对血清内皮素和肿瘤坏死因子的影响［J］. 中国现代医生，49（13）：4-6.

［18］刘云鹤，周鸣谦，朱蓓蕾 . 2012. 盐藻水溶性多糖的提取和纯化［J］. 海洋科学与技术，21（1）：88-91.

［19］胡志利，张慧婧 . 2012. 盐藻多糖提取工艺研究［J］. 食品与药品，14（9）：336-338.

［20］李秀霞，孙协军，王珍，等 . 2012. 盐藻多糖提取及初步纯化［J］. 渤海大学学报（自然科学版），33（4）：334-340.

［21］ Aharon Oren. 2005. Review：A hundred years of *Dunaliella* research［J］. 1905—2005. BioMed Central，2005.

海链藻在滩涂贝类苗种繁育中的应用

徐继林[1]　周成旭[1]　严小军[1]

1　宁波大学海洋学院，宁波，浙江，315211

摘　要：我国苗种行业已经 30 年未推出新的饵料微藻新种株，宁波大学海洋学院微藻研究室 2015 年向全国滩涂贝类苗种繁育行业推出了假微型海链藻 9005、9006 以及威氏海链藻 9021，本文介绍了这 2 种（3 株）微藻的营养组成、饵料效果、露天培养优势和在实际滩涂贝类苗种繁育中的应用情况。

关键词：假微型海链藻；威氏海链藻；滩涂贝类；苗种繁育

The application of *Thalassiosira* in the larval rearing of interdial shellfish

Jilin Xu[1]，Chenxu Zhou[1]，Xiaojun Yan[1]

1　School of Marine Science，Ningbo University，Ningbo 315211，China

Abstract：There have been no new microalgae species developed for the larval rearing in the past 30 years in China. In 2015，the microalgae laboratory of School of Marine Science，Ningbo University developed *Thalassiosira pseudonana* 9005 and 9006，and *Conticribra weissflogii* 9021 for the larval rearing of interdial shellfish. The report describes the nutritional components，effect on growth，advantages of open air culture，and the practical use in the larval rearing of intertidal shellfish.

Key words：*Thalassiosira pseudonana*；*Conticribra weissflogii*；interdial shellfish；larval rearing

作者简介： 徐继林，男，研究员，博士生导师，从事贝类营养学研究，
E-mail：xujilin@nbu. edu. cn

周成旭，女，研究员，硕士生导师，从事微藻生态学研究，
E-mail：zhouchengxu@nbu. edu. cn

严小军，男，研究员，博士生导师，从事海洋生物化学研究，
E-mail：zhouchengxu@nbu. edu. cn

2015 年前，国内滩涂贝类苗种培育中最常使用的饵料微藻一般为金藻、角毛藻、扁藻、小球藻、小硅藻，有些场家还会使用巴夫藻、微绿球藻，但饵料效果并不理想[1-3]。

海链藻是一类常见的浮游硅藻，是中心纲硅藻纲下的一个大属[4,5]。至今已经报道的海链藻种类达到 160 余种，我国记录的大约 60 种，少部分生活在淡水或半咸水中，其他主要生活在海洋中[5-7]。海链藻的大小从几微米到 80μm 不等，大部分个体都在 20μm 以下，国外已有海链藻作为生物饵料的研究报道[8]，但都局限于小规模培养研究。我们通过近十年的研究，从东海海域分离筛选出 2 株（9005、9006）假微型海链藻（*Thalassiosira pseudonana*）和 1 株（9021）威氏海链藻（*Conticribra weissflogii*，曾用拉丁名 *Thalassiosira weissflogii*）（图1），首次应用到滩涂贝类苗种繁育行业中，取得了显著的成效。9005 和 9021 的国际典型培养物保藏中心编码保藏号分别为 CCTCC NO M2015044 和 M2014519。本文介绍了这 2 种（3 株）微藻的营养组成、饵料效果、露天培养优势和在实际滩涂

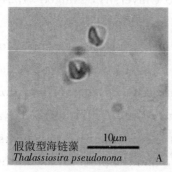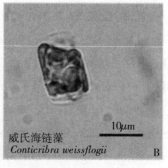

图 1　假微型海链藻 9005（A）和威氏海链藻 9021（B）

Fig. 1　*Thalassiosira pseudonana* 9005（A）and *Conticribra weissflogii* 9021（B）

贝类苗种繁育中的应用。

1　海链藻的脂类营养组成

由于不同微藻对贝类的营养饵料效果的差别，与微藻的碳水化合物、蛋白质以及总脂含量相关性不大，而主要决定于微藻的具体脂质组成[9]，所以，饵料微藻的营养价值更多关注其脂类营养组成。

Fang Yang 等[2]分析了 9005、9006 和 9021 这 3 株微藻的脂肪酸组成，它们分别对应于原文中的 *T. pseudonana*、X（后鉴定为另一株 *T. pseudonana*）和 *T. weissflogii*（国际上最新命名为 *Conticribra weissflogii*），这 3 株微藻均含有相当百分含量的贝类必需脂肪酸 AA、EPA 和 DHA。9005 这 3 种 PUFA 的百分含量分别为 4.3%、11.4% 和 5.5%；9006 分别为 1.7%、14.2% 和 6.7%；而 9021 则为 2.3%、17.7% 和 5.0%。与其他 26 株微藻比较可以发现[10]，这 3 株海链藻的 AA、EPA 和 DHA 是所有微藻中最为平衡的品种，有着较高的营养价值。

由于不同生长期海洋微藻的脂类组成会发生很大的变化[11]，所以考察了不同生长期海链藻脂类组成的变化。白倩等[12]利用超高效液相色谱-四级杆-飞行时间质谱系统，对不同生长期威氏海链藻 9021 的主要脂类成分进行了详细的分析，共鉴定出 24 种非极性的三酰甘油（TAG）分子、18 种甜菜碱脂（DGCC）分子、6 种磷脂酰胆碱（PC）分子以及 4 类光合膜脂，包括 14 种二酰甘油单半乳糖脂（MGDG）分子、1 种二酰甘油双半乳糖脂（DGDG）分子、15 种二酰甘油硫代糖脂（SQDG）分子和 4 种磷脂酰甘油（PG）分子。在不同生长期，各类脂类占总脂的比例均有不同程度的变化，表 1 显示，整个生长过程中，TAG 和 DGCC 的百分含量不断增加，而其他脂类均呈现一定程度的降低。由于 TAG 和 DGCC 中均含丰富的 PUFA，所以 PUFA 的含量也是在生长末期最高，故要选择平台末期作为微藻饵料投喂期。类似的结论在其他饵料微藻脂类组成分析中也同样得到验证[13]。

表1 3个生长期威氏海链藻9021中7种主要脂类的百分比（%）

Tab. 1 Proportion of seven major lipids at three different phases of

the *Conticribra weissflogii* 9021（% of seven major lipids）

时期	TAG	MGDG	SQDG	DGDG	PG	PC	DGCC
对数期	15.48	41.76	32.87	2.93	2.12	3.77	1.07
平台初期	27.93	30.83	28.24	1.52	1.41	0.56	9.51
平台末期	62.72	11.21	12.81	0.56	1.21	0.13	11.36

2 海链藻滩涂贝类饵料效果

为了比较这两种海链藻的饵料效果，以缢蛏为研究对象，采用单独投喂与混合投喂的方式，进行了海链藻与其他常规饵料微藻的饵料效果比较实验[2]。4种常用的贝类育苗用饵料微藻为角毛藻、球等鞭金藻、亚心形扁藻、眼点微拟球藻。在单种投喂小规格缢蛏稚贝时（最初壳长0.37mm±0.05mm），假微型海链藻9005、9006的饵料效果低于角毛藻和金藻而比扁藻和微拟球藻好，威氏海链藻9021由于个体较大（图1），饵料效果最差；在单种投喂较大规格缢蛏稚贝时（最初壳长1.07mm±0.08mm），单种投喂的饵料效果不如对较小规格稚贝那么明显，威氏海链藻饵料效果最佳（2.50mm±0.15mm），而眼点拟微球藻喂养的稚贝长度最短（1.54mm±0.13mm），投喂其他微藻的稚贝长度无统计性差异（1.84mm±0.14mm～2.08mm±0.14mm）。而在混合投喂实验中，混合了威氏海链藻的实验组饵料效果均最佳，混合了眼点拟微球藻的实验组饵料效果均最差。可见，假微型海链藻9005、9006可以作为缢蛏稚贝的优质饵料，而威氏海链藻对缢蛏大规格苗种而言，更体现出高度的营养匹配。

在我们随后多年的实际双壳类苗种培育过程中，这两种微藻对泥蚶、青蛤、美国硬壳蛤、菲律宾蛤仔均显示出良好的饵料效果。图2是不同微藻单种投喂菲律宾蛤仔（初始贝长0.75mm±0.06mm）的生长效果比较，可见，对于该种规格的菲律宾蛤仔，威氏海链藻9021的饵料效果仅略小于金藻，但并不存在统计性差异；而假微型海链藻9005、9006的饵料效果也跟角毛藻和扁藻接近。

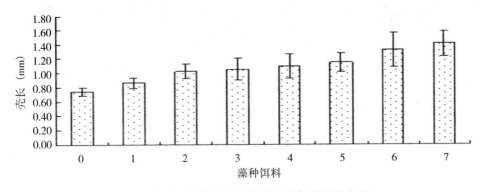

图2 投喂不同微藻饵料菲律宾蛤仔稚贝的生长

Fig. 2　The growth of juvenile Ruditapes philippinarum fed with different microalgae diet

0. 初始大小　1. 颗石藻　2. 扁藻　3.9006　4.9005　5. 角毛藻　6.9021　7. 金藻

3　海链藻露天培养优势

通过光照、盐度和温度对筛选出的4株微藻培养的影响实验，可以筛选出每种微藻分别适宜培养的环境条件（表2）。

表2　三种饵料微藻对应的适宜培养条件

Tab. 2　The optimal culture conditions of 3 strains of microalgae deit

微　藻	适宜光照（Lux）	适宜盐度	适宜温度（℃）
威氏海链藻 9021 *Conticribra weissflogii*	6 000～10 000	15～20	20～30
假微型海链藻 9005 *Thalassiosira pseudonana*	2 000～8 000	15～25	20～28
假微型海链藻 9006 *Thalassiosira pseudonana*	2 000～8 000	15～25	20～28

表2显示，这3株微藻最适温度都在25℃左右，其中，假微型海链藻、威氏海链藻在较低温度20℃也能很好地生长，而威氏海链藻也适宜在较高温度30℃下繁殖；假微型海链藻在盐度适应性上有着较大的适应范围；3株微藻在光照强度6 000～8 000lx均有良好的繁殖速度，威氏海链藻在10 000lx下也能保持较好的繁殖速度，特别令人惊喜的是，假微型海链藻在2 000lx的低光照下繁殖速度依然较高。

为了考察露天条件下微藻的繁殖速度，在同一天气条件下，在加有盐度为20.5、水温 18～24℃砂滤海水的 20m³ 水泥池中，比较了假微型海链藻 9005 跟以前常用的青岛大扁藻和角毛藻的繁殖速率（表3）。

表3　不同光照条件下 3 株藻的扩繁倍数比较

Tab. 3　The comparison of growth rates for 3 strains of microalgae cultured under different light conditons

光照条件	微藻种类	初始密度（cell/μL）	3d 后密度（cell/μL）	扩繁倍数
高光强 （＞8 000lx）	扁藻	5	230±36	46
	角毛藻	20	1 230±144	61.5
	微型海链藻	20	880±122	44
中光强 （4 000～9 000lx）	扁藻	5	320±41	64
	角毛藻	20	840±112	42
	假微型海链藻	20	1 060±243	53
低光强 （1 200～3 300lx）	扁藻	5	83±17	16.6
	角毛藻	20	220±42	11
	假微型海链藻	20	970±136	43.5

可见，在连续晴天相对高光照强度的天气条件下（测量时间段内光强超过8 000lx，大多时间光强超过光度计测量范围），3d 内角毛藻扩繁倍数最高，达到 61.5 倍；扁藻和假微型海链藻 9005 在中等强度光照天气条件下（天气多云为主，测量时间段内光强 4 000～9 000lx），扩繁速率相对较高，分别达到 64倍和 53 倍；而在相对较低光照天气条件下（天气阴雨为主，测量时间段内光强 1 200～3 300lx），假微型海链藻显示出最强的扩繁速率，阴雨天仍然达到43.5 倍，稍低于多云天气下的繁殖速率，但并无统计性差异；而其他两种微藻扩繁速率则大大降低，扩繁倍数远低于 20 倍。可见，假微型海链藻 9005 在一般的阴雨季节该藻也能正常繁殖，可以保证贝类苗种繁育季节在阴雨天也能获得充足的微藻，而目前贝类苗种行业使用的角毛藻、扁藻和金藻等的最适宜光照强度均在 4 000lx 以上，一旦碰到持续的阴雨天，会使得育苗生产中的饵料供给遭受严峻的考验。假微型海链藻的应用，从根本上消除该制约因素，从而确保贝类苗种生产的稳定性。

为了比较威氏海链藻 9021 跟常规微藻的繁殖速度差异，选择 9 个大小一样的培养池，在水温 25℃海水的 $20m^3$ 的水泥池中，每 3 个分别平行接入密度分别为 $3×10^4$ cell/mL、$9×10^4$ cell/mL 和 $3.5×10^5$ cell/mL 的威氏海链藻 9021、青岛大扁藻和角毛藻（3 种藻的生物体积比为 17.8/5.7/1.5），每天 18：00 用血球计数板对培养密度进行计数（表 4）。

表 4　威氏海链藻 9021 与其他微藻的繁殖速度比较（104 cell·mL－1）

Tab. 4　The growth rate comparison of Conticribra weissflogii 9021 with the other species of microalgae

培养时间（d）	0	1	2	3	4
威氏海链藻 9021	3	6.4	18.4	23.7	26.3
青岛大扁藻	9	12.3	25.4	29.6	31.4
角毛藻	35	62.1	89.3	112.2	105.5

可见，威氏海链藻 9021 在第二天就可以达到初始密度的 6 倍多，最高密度可以达 8 倍多，繁殖速度远高于其他两种藻。且在实际应用过程中发现，即使初始接种密度减少 10 倍只有 $3×10^3$ 个/mL，自然光照培养 2~3d 后仍可达到投喂所需的密度 $1.5×10^5$~$2.5×10^5$ 个/mL，而投喂后保留 1/4 的藻液加满培养液，经过 1d 培养又可达到投喂所需的密度，完全能够满足大规格苗种培育中大规模微藻饵料的连续供给。

4　海链藻在滩涂贝类苗种繁育中的实际应用

假微型海链藻 9005、9006 早在 2009 年 4 月，就在福建龙海县紫泥育苗场开始规模化露天培养实验，发现培养不够稳定，到 5 月后无法在水泥池内规模化培养。2011 年，在浙江宁海县岳井洋渔业开发有限公司对这两株藻进行贝类饵料效果实验，发现饵料营养效果对于泥蚶和缢蛏而言，处于角毛藻和扁藻之间。2013 年根据室内生态培养结果，9005 在福建诏安县福建省宝智水产科技有限公司规模化培养获得成功。当年的 4~6 月，整个雨季近 500 万产值的贝类苗种饵料 90％以上均是使用该藻，显示出雨季良好的繁殖效果；而 9006 也于 2015 年在福建省宝智水产科技有限公司规模化培养获得成功，发现在相对高温的 7~8 月，9006 比 9005 具备更好的扩繁效果。

威氏海链藻则是 2011 年首次在浙江宁海县岳井洋渔业开发有限公司进行

规模化培养实验，发现比常用的微藻有着更快的繁殖速率，但在某些天气条件下不够稳定，平台期不够长。2012年还是在该公司继续进行培养和投喂实验，发现培养依然不够稳定，该公司所处的三门湾水质对该藻的培养有着极大的影响；同时饵料投喂效果发现，该藻对于缢蛏的大规格苗种的培育效果极佳。2013年，该藻在福建省宝智水产科技有限公司规模化培养获得成功，同时发现该藻对大规格的泥蚶和菲律宾蛤仔的饵料效果也要高于其他常用微藻。

2013—2015年间，这3株藻陆续在福建省宝智水产科技有限公司、宁波甬盛水产种业有限公司、宁波海的水产种苗科技有限公司等企业苗种繁育生产中进行应用，企业生产稳定性大大增强，产量大幅度提高了30%以上，最高提高了50%左右，实现大幅经济增效。如果技术覆盖浙江省、福建省50%的滩涂贝类育苗场，每年可望新增产值2亿元以上，经济效益巨大。

本着技术服务大众的宗旨，通过宁波市科技局，宁波大学微藻研究室于2015年11月14日，在宁波市召开了"宁波市滩涂贝类优质饵料微藻新种株发布会及其规模化扩繁技术交流会"，到会滩涂贝类苗种培育企业、微藻开发利用相关企业超过70家，并有20余家高校、科研院所、渔业管理部门和水产技术推广部门到会，宁波大学微藻研究室免费向所有参会企业赠送了3株饵料微藻新种株，并配有详尽的"滩涂贝类育苗微藻饵料扩繁技术应用手册"。2016年，这3株海链藻已经成为我国东南沿海所有贝类育苗场的当家品种，年培养量超亿吨，为我国滩涂贝类苗种繁育行业的健康稳定发展提供了坚实的保障。

参 考 文 献

［1］ Shasha Geng，Chengxu Zhou，Wenbi Chen，et al. The fatty acid and sterol composition reveals food selectivity of juvenile ark shell *Tegillarca granosa* Linnaeus after feeding with mix microalgae ［J］. Aquaculture, 2016, 455: 109-117.

［2］ Fan Yang，Zhiqian Miao，Jilin Xu，et al. The effect of several microalgae isolated from East China Sea on growth and survival rate of postset juveniles of razor clam, *Sinonovacula constricta*（Lamarck，1818）［J］. Aquculture nutrition, 2016, 22（4）: 846-856.

［3］ Jilin Xu，Haibo Zhou，Xiaojun Yan，et al. Effect of unialgal diets on the composition of fatty acids and sterols in juvenile ark shell *Tegillarca granosa* Linnaeus ［J］. Journal of Agricultural and Food Chemistry, 2012, 60（15）: 3973-3980.

［4］ Round F E，Crawford R M，Mann D G. The Diatoms: Biology and Morphology of the Genera ［M］. Cambridge: Cambridge University Press, 1990, 747.

［5］ Fryxell G A，Hasle G R. Taxonomy of harmful diatoms ［A］. In: Hallegraeff G M, Anderson D M，Cembella A D（Eds. ），Manual on Harmful Marine Microalgae ［M］. Paris: Imprimerie Landais（United Nations Educational，Scientific andCultural Organization），2004，465-510.

［6］ Hasle G R，Syvertsen E E. Marine diatoms ［M］. Tomas C R. Identify in marine phytoplankton. San Diego: Academic Press, 1997, 5-387.

［7］ 李扬，高亚辉，吕颂辉. 2008. 我国海链藻属的新记录种类Ⅰ ［J］. 厦门大学学报（自然科学版），47（2）: 286-290.

［8］ Liu W. ，Pearce C. M. ，Alabi A. O. et al. Effects of microalgal diets on the growth and survival of larvae and post-larvae of the basket cockle, *Clinocardium nuttallii* ［J］. Aquaculture, 2009, 293: 248-254

［9］ Rivero-Rodríguez S，Beaumont A R，Lora-Vilchis M C. The effect of microalgal diets on growth, biochemical composition, and fatty acid profile of *Crassostrea corteziensis*（Hertlein）juveniles ［J］. Aquaculture, 2007, 263: 199-210.

［10］ 章炜，徐继林，严小军，等. 利用脂肪酸组成对 26 种（株）海洋微藻聚类分析研究 ［J］. 宁波大学学报（理工版），2006，19（4）: 445-450.

［11］ Xiaoling Su，Jilin Xu，Xiaojun Yan，et al. Lipidomic changes during different growth stages of *Nitzschia closterium* f. minutissima ［J］. Metabolomics，2013，9（3）：300-310.

［12］白倩，李艳荣，杨帆，等．不同生长期威氏海链藻主要脂类成分分析［J］．中国食品学报，2016，16（5）：258-267.

［13］Shuang Li，Jilin Xu，Jiao Chen，et al. The major lipid changes of some important diet microalgae during the entire growth phase ［J］. Aquaculture，2014，428-429：104-110.

基于扁藻富集的咪唑羧酸镍配合物对马氏珠母贝生化性状的影响研究

纪丽丽[1]　宋文东[2]*　郭　健[3]　蔡　璐[1]　王亚宁[1]

1　浙江海洋大学创新应用研究院，浙江舟山，316022
2　浙江海洋大学石化与能源工程学院，浙江舟山，316022
3　浙江海洋大学食品与医药学院，浙江舟山，316022

摘　要： 本文采用水热合成法，制备了镍配合物，通过食源性扁藻富集镍配合物，投喂马氏珠母贝，探讨了镍配合物对马氏珠母贝不同部位碱性磷酸酶的活性及生化指标的变化情况。结果表明，镍配合物可显著提高马氏珠母贝体内的碱性磷酸酶，而且与免疫相关的生化指标球蛋白、尿素氮均朝向有利于提升免疫力的方向变化，说明镍配合物不但可促进珍珠质的分泌，并能提高马氏珠母贝的免疫力。

关键词： 咪唑羧酸镍配合物；扁藻；马氏珠母贝；碱性磷酸酶；生化指标

---

*　通讯作者

Research on midazolecarboxylic Acid Nickel Complex Enriched by Algae Platymonas subcordiformis on Biochemical Properties of the Pearl Oyster Pinctada Martensii

Lili Ji[1], Wendong Song[2]*, Jian Guo[3], Lu Cai[1], Yaning Wang[1]

1　Innovation Application Institute, Zhejiang Ocean University, Zhoushan 316022, China

2　College of Petrochemical and Energy Engineering, Zhejiang Ocean University, Zhoushan 316022, China

3　College of Food and Medical, Zhejiang Ocean University, Zhoushan 316022, China

Abstract: In this study, imidazole carboxylic acid nickel complex was synthesized by the hydrothermal method, and its structure was characterized. Then it was enriched by the algae *Platymonas subcordiformis*, and fed the pearl oyster *Pinctada martensii* analyzing the influence on alkaline phosphatase (ALP) and biochemical indexes of pearl oyster. The results show that nickel complex can significantly increase ALP activity in the mantle, and elevate blood levels of Mg (II) and globulin (GLB), and reduced blood levels of Zn (II) and blood urea nitrogen (BUN), indicating nickel complex can promote the secretion of nacre, and improve the immunity of pearl oyster.

Key words: imidazole carboxylic acid nickel complex; *Platymonas subcordiformis*; *Pinctada martensii*; alkaline phosphatase; biochemical indexes

作者简介：纪丽丽，女，助理研究员，从事海洋化学研究，E-mail：jll-gb
@163. com
宋文东，男，教授，硕士生导师，从事海洋化学研究，E-mail：
swd60@163. com

郭健，女，讲师，从事海洋生物活性研究，E-mail：626292770@qq.com

蔡璐，女，助教，从事海洋资源高值化利用研究，E-mail：825902593@qq.com

王亚宁，女，助理研究员，从事海洋环境研究，E-mail：174603826@qq.com

马氏珠母贝珍珠指我国南海及其周边海域所产的海水珍珠，主要产区为广东、广西、海南3省（自治区）。从1995年以来的10年间，我国海水珍珠产量平均每年约为30t，位居世界第一，但价格普遍偏低，目前，原珠每千克为8 000～12 000元人民币，仅相当于1颗南洋珍珠的价格，因此，在国际市场上不能形成较强的竞争力。其中，主要的原因之一是培育出的珍珠质量不高，缺少优质和特色珍珠，极其缺少天然彩色海水珍珠。

颜色是衡量珍珠价值的重要标志之一，如黑色珍珠、金黄色珍珠的价格相对同一等级的白色珍珠要昂贵很多，因此，珍珠颜色的研究一直是国内外研究热点[1-6]。目前，彩色珍珠主要来源于白蝶贝、黑蝶贝和企鹅贝等贝种，产区大都在国外。我国主要养殖品种为马氏珠母贝，其珍珠颜色主要为白色，天然彩色珍珠极少。市场出现的"彩色"珍珠多为人工染色或珠核处理，价值不高。课题组前期试验发现，金属配合物通过微藻富集喂养马氏母贝后能够调控海水珍珠色泽，提高珍珠品级，赋予珍珠天然色彩[7]。本文探讨了金属配合物通过扁藻富集传递后，对马氏珠母贝生化性状的影响。本试验选用咪唑羧酸衍生物作为配体，诱导合成金属配合物作为藻类富集物。咪唑是一种含有2个氮原子的五元杂环化合物，它既是生物体内组氨酸的组分，又是脱氧核糖核酸和核糖核酸中嘌呤的组分，参与了重要的生物化学反应，对生命活动起着十分重要的作用，享有"生命配体"之美誉[8-10]。通过食源性扁藻富集金属配合物，经藻-贝-珠传递途径，研究金属配合物对马氏珠母贝碱性磷酸酶及相关生化指标的影响，为今后研究和培育优质珍珠提供科学参考。

1 材料和方法

1.1 原材料

马氏珠母贝，由广东徐闻县珍珠养殖基地提供，贝龄为 2 ± 0.5 龄，挑选完整、个体健壮、大小均匀的个体。剔除附着生物，清洗干净，放入暂养池。

亚心型扁藻，由广东海洋大学海洋生物研究所藻类研究室提供。

1.2 扁藻的培养

扁藻培养采用的培养基如表1。

表 1　扁藻培养基成分

Tab. 1　*Platymonas subcordiformis*'s culture medium components

组分	$NaNO_3$	Na_2CO_3	K_2HPO_4	$FeC_6H_5O_7$	维生素 B_1	维生素 B_{12}	海水
添加量	80mg	0.5g	8mg	0.2mL 1%	$200\mu g$	200mg	1 000mL

首先将配置好的扁藻培养液采用 $0.45\mu m$ 的滤膜过滤，然后在 $121℃$ 高温下灭菌20min，最后以 30% 的比例接入藻种。扁藻培养温度为室温，光照12h，光照强度为 5 000lx。配合物选取 6 个浓度，分别为 0、2.5、5、10、20、40mg/L，分别添加到扁藻培养液中，在 680nm 波长下测定扁藻的生长情况。在进行配合物对扁藻的急毒实验之前，扁藻需要进行反复活化，直到扁藻达到生长对数期的时间基本不变，这样有助于确保实验重复性的结果。

1.3 镍配合物合成

将 1.0mmol 的配体与 1.0mmol 的硝酸镍放入装有 20mL H_2O 的烧杯中，溶解后调至溶液 pH 为 6.0，超声混匀 30min，装入 25mL 不锈钢反应釜内，密封后置于干燥箱内。采取程序控温方式合成晶体，设定三个反应阶段：①4h将温度升至150℃；②保持150℃晶化96h；③以5℃/min 的速率降至室温。待反应结束，开釜后得到蓝绿色块状晶体，置于密封袋中，待测。

1.4　X射线单晶衍射分析

单晶衍射仪测试步骤如下：选取合适尺寸的配合物晶体置于单晶衍射仪下，采用石墨单色化 MoKα 射线（λ＝0.71073Å），在 298K 条件下，扫描方式为 ω 扫描，根据晶体的类别、大小和衍射强度等设定衍射实验时所需时间，在适宜的衍射角 θ 范围内收集衍射点数据。晶体的结构分析是在 PC 机上用 SHELX97 程序进行全面解析。所有配合物的衍射强度数据经 Lp 因子和经验吸收校正，采用直接法或 Patterson 法，并经数轮差值 Fourier 合成，找到全部非氢原子。H_2O 上的氢原子由差值 Fourier 合成法得到，其他氢原子坐标采用几何加氢法得到。所有非氢原子的坐标及各向异性温度因子，用全矩阵最小二乘法进行精修。

1.5　传递试验

马氏珠母贝置于室内育珠缸中养殖，采用悬浮式方式吊养。对数生长期的扁藻首先富集 0.1mg/L 的镍配合物，然后离心藻液，冷冻干燥，粉碎，用于投喂马氏珠母贝，每天每次投喂量为 5mg/L，投喂周期为 90d。对照组只喂养扁藻，平行重复 3 次试验。

1.6　马氏珠母贝碱性磷酸酶酶活测定

镍配合物传递过程中，对马氏珠母贝的外套膜、珍珠囊中碱性磷酸酶（ALP）的酶活进行测定，采用 ALP 试剂盒进行测定分析，每 15d 测定 1 次。首先制备组织匀浆液，按照外套膜和珍珠囊的重量比，添加生理盐水，分别制备 10% 的外套膜和珍珠囊组织匀浆，然后在 5 000r/min 的转速下离心 10min，离心后取上清液，将上清液用生理盐水稀释成 1% 的组织匀浆。最后采用紫外可见分光光度计，在 520nm 波长下，测定其吸光度。酶活计算公式为：

$$ALP\ 酶活（U/gprot）\frac{\dfrac{样品管吸光度}{标准管吸光度}×标准管酚的含量}{样品蛋白含量}$$

1.7　马氏珠母贝生化指标测定

镍配合物传递过程中，取空白组、试验组育珠贝的血液测定其生化指标。采用一次性无菌注射器抽取育珠贝体内的血液，在 2 000r/min 转速下离心 15min，直至血液完全分层，取上清液，于−80℃低温保存。传递过程中，每 18d 测定 1 次。采用全自动生化分析仪，测定了育珠贝血液中的 Zn、Mg、尿素氮（BUN）、球蛋白（GLB）、甘油三酯（TG）、乳酸脱氢酶（LDH）、葡萄糖（GLU）7 个指标在传递前后的变化情况。

2　结果与讨论

2.1　镍配合物单晶结构表征

通过 X 射线单晶衍射仪确定了镍配合物的结构，其化学结构式为 ［Ni（$C_7H_7N_2O_4$）$_2$（H_2O）$_2$］·$3H_2O$，分子量为 515.08，其结构式如图 1。其不对称单元由一个 2-乙基-4，5-咪唑二甲酸配体配体分子、一个中心金属 Ni（II）离子、一个结合 H_2O 分子和一个半游离的水 H_2O 组成。其中，每个中心金属 Ni（II）离子与 2 个 N 原子 2 个 O 原子配位形成 2 个双齿螯合的五元环，并与 2 个来自不同结合 H_2O 分子的 O 原子配位形成一个正八面体。

从配合物的单晶结构分析可知，锌配合物 ［Zn（$C_9H_4N_2O_4$）（H_2O）$_2$］·$3H_2O$，与镍配合物 ［Ni（$C_9H_4N_2O_4$）（H_2O）$_2$］·$3H_2O$ 为同构化合物，两者属于三斜晶系，空间群 Pi，因此，两者的晶胞数据相近。

2.2　镍配合物对碱性磷酸酶的活性影响

镍配合物马氏珠母贝 ALP 活性的影响见图2、图3。从图2、图3中可知，

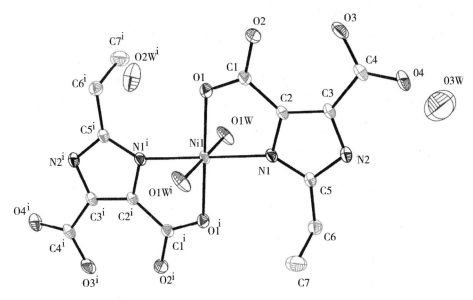

图 1 镍配合物分子结构

Fig. 1 Molecular structure of nickel complex

对照组中马氏珠母贝外套膜和珍珠囊 ALP 活性变化很小，试验组中外套膜和珍珠囊的 ALP 活性随传递时间的延长，其活性逐渐升高，而且试验组中外套

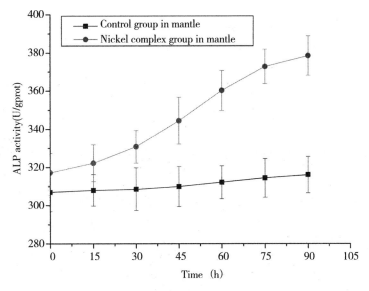

图 2 育珠贝外套膜 ALP 活性

Fig. 2 ALP activity in mantle of pearl oyster

膜的 ALP 活性变化比较显著。

ALP 是一种金属酶，金属离子在其酶活力大小和空间结构的构成中都起到了关键作用，此外，ALP 也是钙离子的搬运体，能使钙大量聚集于外套膜，参与珍珠质的分泌与合成，在珍珠层的形成过程中起重要作用[11]。实验发现，镍配合物对育珠贝外套膜的 ALP 活性明显升高，与 Ni^{2+} 对其他水产动物的 ALP 具有激活作用[12,13]结果一致，表明了镍配合物对育珠贝外套膜的 ALP 具有激活作用，进而促进珍珠质的分泌。

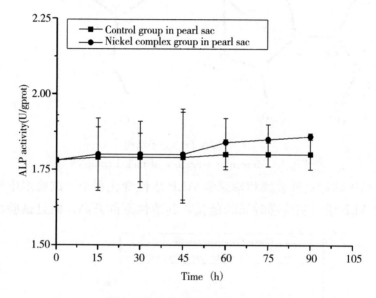

图 3 育珠贝珍珠囊 ALP 活性
Fig. 3 ALP activity in pearl sac of pearl oyster

2.3 镍配合物对马氏珠母贝体内生化指标的影响

镍配合物对马氏珠母贝体内血液生化指标的影响情况见表 2。实验发现，育珠贝血液中球蛋白（GLB）和 Mg 含量随镍配合物影响时间的延长显著升高，尿素氮（BUN）和 Zn 含量呈下降趋势，然而甘油三酯（TG）、葡萄糖（GLU）、乳酸脱氢酶（LDH）的含量变化比较小，差异不显著。

表 2　镍配合物对育珠贝血液生化指标的影响

Tab. 2　Influence of Ni complex to oyster pearl's blood biochemical index

指　标		时间（d）					
		0	18	36	54	72	90
BUN (mmol/L)	CG	0.44±0.03	0.42±0.05	0.41±0.07	0.43±0.08	0.43±0.04	0.42±0.02
	EG	0.43±0.01	0.40±0.05	0.33±0.02	0.28±0.02	0.20±0.04	0.15±0.03
TG (mmol/L)	CG	0.30±0.04	0.30±0.04	0.30±0.01	0.30±0.06	0.30±0.02	0.30±0.09
	EG	0.31±0.08	0.31±0.01	0.31±0.06	0.32±0.02	0.33±0.02	0.32±0.05
GLB (g/L)	CG	0.26±0.02	0.26±0.06	0.27±0.06	0.27±0.07	0.28±0.01	0.29±0.04
	EG	0.26±0.01	0.38±0.02	0.45±0.01	0.47±0.04	0.43±0.03	0.42±0.03
GLU (mmol/L)	CG	0.17±0.02	0.18±0.07	0.18±0.01	0.18±0.03	0.18±0.01	0.18±0.03
	EG	0.17±0.05	0.18±0.04	0.19±0.01	0.19±0.04	0.19±0.07	0.19±0.04
LDH (U/L)	CG	9.16±0.27	9.09±0.41	9.29±0.65	9.30±0.39	9.38±0.22	9.43±0.18
	EG	9.22±0.33	9.03±0.56	9.97±0.46	10.70±0.62	10.82±0.23	10.86±0.23
Mg (mmol/L)	CG	7.25±0.22	7.25±0.05	7.26±0.36	7.26±0.05	7.26±0.31	7.27±0.32
	EG	7.25±0.13	7.95±0.16	8.47±0.21	8.89±0.20	9.26±0.17	9.60±0.17
Zn (μmol/L)	CG	31.03±0.34	31.05±0.53	31.050±0.47	31.09±0.42	31.07±0.38	31.00±0.35
	EG	30.99±0.23	29.36±0.36	26.68±0.33	25.21±0.11	23.72±0.28	22.70±0.21

注：CG 为空白对照组；EG 为试验组。

　　血液是生物体内的一种免疫组织，与机体的代谢、健康状况、营养状况以及疾病有着密切的关系。育珠贝受到外界刺激或者发生病变时，会通过血液生化指标表现出来。ALP 是一种重要的代谢调控酶，其活性中心含 2 个 Zn^{2+} 和 1 个 Mg^{2+}[14]，其中，Mg^{2+} 是 ALP 的激活剂，而 Zn^{2+} 为抑制剂，镍配合物传递后，Mg^{2+} 含量升高，Zn^{2+} 含量降低，表明 ALP 活性升高。此外，发现马氏珠母贝体内的免疫因子球蛋白（GLB）含量显著升高，且 ALP 也是一种非特异性免疫因子，进一步表明，镍配合物可提高育珠贝的免疫力。尿素氮（BUN）为含氮的有机物和蛋白质代谢的终产物，可反映动物体内氨基酸代谢和蛋白质代谢之间的平衡状况，较低的尿素氮浓度表明机体蛋白质合成率较高[15]。实验发现，BUN 浓度降低显著，表明育珠贝中蛋白质合成率较高，从而侧面验证了贝体中需要大量合成蛋白质，以便增强其免疫力。结果发现，与育珠贝免疫相关的生化指标 GLB、BUN 均朝向有利于提升免疫力的方向变化，表明镍配合物可提高育珠贝的免疫力。

3 结论

　　珍珠人工培育需进行外套膜植片过程，被移植的外套膜细胞小片的上皮细胞经迁移、增殖、包裹（珠核）形成珍珠囊，继而分泌珍珠质形成珍珠。细胞小片植入贝体后的变化分为三步：①手术伤口的愈合；②育珠贝对细胞小片的识别；③珍珠囊和珍珠的形成（Wada，1989）。其中，①和②是与活体有关的防御反应。因此，人工育珠中植片成功与否，与育珠贝的免疫力高低有直接关系。本文合成的镍配合物不但可以提高碱性磷酸酶活性，促进珍珠质的分泌，同时，也可以提高育珠贝的免疫力。为此，我们可以将镍配合物作为一种植片处理剂，应用到人工育珠，既可以提高植片的成功率，又可以提升珍珠的质量。

参 考 文 献

[1] 李雪英，王海增，孙省利，等. 不同颜色珍珠傅里叶变换红外光谱和石墨炉原子吸收光谱分析［J］. 宝石和宝石学杂志，2007，9（1）：15-18.

[2] Lanbert G. Trace element composition in pearls［D］. Western Australia：Murdoch University. 1998.

[3] Erin L M，Brad S E，Joseph U U T，Dean R J. Xenografts and pearl production in two pearl oyster species，*P. maxima* and *P. margaritifera*：Effect on pearl quality and a key to understanding genetic contribution［J］. Aquaculture，2010. 302：175-181.

[4] Snow M R.，Pring A.，Self P G，et al. The origin of the color of pearls in iridescence from nano-composite structures of the nacre［J］. American Mineralogist，2004，89：1353-1358.

[5] Urmos J，Sharma S K，Mackenzie F T. Characterization of some biogenic carbonates with raman spectroscopy［J］. American Mineralogist，1991，76：641-646.

[6] Hedegaard C，Bardeau J F，Chateigner D. molluscan shell pigments：an in situ resonance raman study［J］. Journal of Molluscan Studies，2006，2：157-162.

[7] Ji L L，Liu J S，Song W D，et al. effects of dietary europium complex and europium（Ⅲ）on cultured pearl color in the pearl oyster pinctada martensii［J］. Aquaculture Research，2012，44（8）：1300-1306.

[8] Obethaven K J，Riehardson J P，Bvehanan R M，et al. Synthesis and characterization of binuclear copper complexes of the binuclearing ligand 2，6-bis［（bis（（1-methy limidazole-2-yl）methyl）amino）methyl］-4-methylphenol［J］. Inorganic Chemistry，1990，30：1357.

[9] Jin Z，Li Z，Huang R. Muscarine，imidazole，oxazole，thiazole，amaryllidaceae and sceletium alkaloids［J］. Natural Product Reports，2002，19：454.

[10] Lewis J R. Amaryllidaceae，sceletium，imidazole，oxazole，thiazole，peptide and miscellaneous alkaloids［J］. Natural Product Reports，2002，19：223.

[11] Bass L E. Influence of temperature and salinity on oxygen consumption of tissues in the American oyster（*Crassostrea virginica*）［J］. Comparative and Biochemical Physiology，1977，58：125-130.

[12] Lan W G，Wong M K，Chen N，et al. Effect of combined copper，zinc，chromium

and selenium by orthogonal array design on alkaline phosphatase activity in liver of the red sea bream, *Chrysophrys major* [J] . Aquaculture, 1995, 131: 219-230.

[13] Lohner T W, Reash R J, Williams M. Assessment of tolerant sunfish populations (*Lepomis sp.*) inhabiting selenium laden coal ash effluents tissue biochemistry evaluation [J] . Ecotoxicology and Environmental Safety, 2001, 50: 217-224.

[14] Xiao R, Xie L P, Lin J Y, et al. Purification and enzymatic characterization of alkaline phosphatase from *Pinctada fucata* [J] . Journal of Molecular Catalysis B: Enzymatic, 2002, 17 (2): 65-74.

[15] Malmlof K. Amino acid in farm animal nutrition metabolism, partition and consequences of imbalance [J] . Swedish Journal of Agricultural Research, 1988, 18 (4): 191-193.

微藻生物燃料产业化之路有多远

周文广[1,2]　李　昆[1,2]　李晶晶[1,2]　韩　佩[1,2]　黎　俊[1,2]

1　南昌大学资源环境与化工学院环境工程系，南昌，330031

2　南昌大学教育部鄱阳湖湖泊生态与生物资源利用重点实验室，南昌，330031

摘　要：随着化石燃料大量使用，引起的温室气体效应越来越受重视，用多种可持续发展能源替代化石能源已成必然趋势。光合作用将 CO_2 固定在生物质中，生物质或其衍生物的燃烧过程排放 CO_2，同时，产生的热量或能量可替代矿物能源，所以，生物能源是可持续能源中的一种。但是，废弃生物质远远不能满足对生物燃料的需求，近年来，微藻等人工种植或养殖的生物质制备生物燃料引起了广泛的关注。本文综述了利用微藻制备生物燃料的研究现状，微藻生物燃料的制备过程，并从能耗、物料和成本核算及对环境的影响等方面，探讨了该技术的可行性和局限性。最后，展望了微藻制备生物燃料的未来发展趋势。

关键词：微藻；生物燃料；研究现状；技术经济性

The industrialization possibility of microalgae biofuel

Wenguang Zhou[1,2]，Kun Li[1,2]，Jingjing Li[1,2]，Pei Han[1,2]，Jun Li[1,2]

1　School of Resources，Environmental & Chemical Engineering，
Nanchang University，Nanchang 330031，China

2　Key Laboratory of Poyang Lake Environment and Resource Utilization，
Ministry of Education，Nanchang University，Nanchang 330031，China

Abstract： The elevated CO_2 in the atmosphere，contributed mainly by the combustion of fossil fuels, is the principal greenhouse gas leading to global warming and climate change. Development of renewable energy to replace fossil energy has received considerable attention. Photosynthesis can convert CO_2 into biomass, while combustion of biomass or derivatives could release CO_2, heat or energy which could replace fossil energy. Therefore, bioenergy is one of the renewable energy. However, waste biomass collected cannot satisfy the demand for biofuels. Recently, growing microalgae as feedstock for biofuels production caused great attention worldwide. This paper summarized current status of algal biofuels as well as preparation process, and discussed the feasibility and limitations of the technology from some aspects such as energy consumption, material, cost accounting and the environmental impact. Finally, future prospects and perspective of developing algal feedstocks for biofuels are evaluated and discussed in detail.

Key words: Microalgae; biofuels; research status; technical and economic

作者简介：周文广，男，江西九江人，教授，博士生导师，主要从事微藻生物技术和生物质资源利用研究，E-mail：wgzhou@ncu.edu.cn

1 引言

近年来，随着我国社会的城镇化和工业化的快速发展，能源物质的大量消耗，造成CO_2的排放量急剧增长。目前，我国已成为最大的CO_2排放国，预计到 2030—2035 年，我国的年 CO_2 排放量将达到峰值 92 亿～94 亿 t[1]。与此同时，传统化石燃料逐渐枯竭带来的能源危机，使得新型替代能源的开发利用备受关注。采用环境可持续性的绿色能源替代传统化石燃料，不仅可以大幅减少能源行业的CO_2排放量，有效缓解全球温室效应，也是保障能源安全的重要措施。美国、加拿大、欧盟、印度等国家和地区，近年来在生物质能源开发和利用方面开展了大量研究工作，并已形成较为完整的产业链，逐步推广应用，以缓解能源供应压力[2]。我国在"十二五"期间也投入了大量的人力、物力和财力，开展微藻生物能源的基础和产业化应用研究，极大地加速了微藻生物燃料制备的产业化进程。

目前，已有的通过油料作物种植、废弃食用油、动物油脂等生产生物柴油的方法，不足以替代化石燃料，无法满足不断增长的能源需求；而高效的能源微藻，被认为是未来化石燃料的完美替代者之一[3]。与其他油料作物相比，微藻具有更高的光合作用效率（每年固碳量约占全球净光合产量的40%），其油脂的产率也远高于现有的最高产的油料作物（比陆生植物高出30倍），而且不占用耕地，在经济性方面也具有突出的优势[4,5]。近年来，微藻制备生物能源已从一个实验室工艺逐步发展成了一个重大的工业化生产工艺，尽管目前还没有大规模的应用案例，但随着研究的不断深入和工艺体系的逐步完善，其有望在未来5~10年内发展成为具有经济性的可再生能源技术[5]。

尽管利用微藻制备生物燃料的潜力巨大，但要将该技术推向商业化仍面临诸多问题和挑战，如高性能藻种的筛选和改良、合适的培养条件、高效稳定的培养系统等。总的来说，微藻生物燃料制备目前仍处于研究阶段。本文简要介绍了微藻生物燃料的研究现状和制备方式，并详细论证了微藻制备生物燃料的技术经济性分析，最后探讨了未来微藻生物燃料制备的研究热点、发展方向及企业应用案例。

2　生物燃料研究现状

2.1　生物燃料的发展历程

随着能源安全和温室气体减排压力的与日俱增，近年来生物燃料的使用量呈现出迅速增长的趋势。第一代生物燃料主要是从食物和油料作物中提取而来，包括菜籽油、甘蔗、甜菜和玉米，以及通过传统工艺得到的蔬菜油和动物脂肪等。受到耕地、水耗、施肥等因素的限制，该类生物燃料无法满足不断增长的能源需求[6]。第二代生物燃料以专用作能源的作物、秸秆等农业废弃物、伐木和木材加工废弃物等非粮食作物中的纤维素为主要原料，生产纤维素乙醇和生物柴油等，但并未成功实现规模化的商业应用[6,7]。在大量研究和实践结果中发现，要得到兼具技术和经济可行性的生物燃料需要满足以下条件：①生产成本接近或者少于现有的化石燃料；②无需或仅需占用少量的耕地；③能够改善空气质量（如具有固碳作用）；④较低的水耗。而采用微藻制备生物燃料能够满足上述要求，并能在满足未来能源需求的同时创造良好的环境效益[8]，实现了对第一代和第二代生物燃料存在限制和瓶颈的突破，因而也被称为第三代生物燃料[6,9]。利用微藻所产生的油脂通过酯化反应可转变为生物柴油，提取油脂后的藻渣可综合利用于生产动物饲料、有机肥料和甲烷[10]。表1是不同原料生产生物柴油的占地比较。

表1 不同原料生产的生物柴油的占地比较[3]

Tab. 1 Comparison of footprint of biodiesel produced by different materials[3]

原料	油产量（L/hm²）	所需土地面积[a]（M hm²）	占美国耕地面积比例（%）
玉米	174	1 540	864
大豆	446	594	326
油菜	1 190	223	122
麻风树	1 892	140	77
椰子	2 689	99	54
油棕榈	5 950	45	24
微藻[b]	136 900	2	1.1
微藻[c]	58 700	4.5	2.5

注：[a] 满足美国交通燃油需求量的50%；[b] 油含量达到细胞干重的70%；[c] 油含量达到细胞干重的30%。

2.2 微藻生物燃料的优势与挑战

将微藻用于生物燃料制备具有诸多优点：①微藻可实现全年培养和生产，因而其产油量远高于油料作物，微藻年产油量可高达 12 000L/hm²，而油菜籽仅能产油 1 190L/hm²[11,12]；②微藻需要在水相中培养，但实际对新鲜水源的使用量少于陆生作物[13]；③微藻可用苦咸水等含盐水体培养，且不必占用耕地，极大地减少了对环境的影响[14-16]；④微藻具有快速生长的能力，且许多藻种含油量可高达其干重的 20%～50%，在指数生长阶段每 3.5h 其生物量就能增长 1 倍[15,17]；⑤微藻可以有效固碳减排，改善空气质量，每千克干重微藻产品可利用 1.83kg CO_2；⑥废水养藻可以满足其所需的营养物质，同时充当微藻的培养基质；⑦微藻培养无需除草剂或杀虫剂的添加；⑧除了产油，微藻还可提供其他副产品，如蛋白质产品、油渣可作饲料或肥料或用于发酵产乙醇或甲烷等;⑨微藻中各类物质组分可通过调节培养条件优化,因而可能选育出含油量更高的藻种;⑩微藻可用于光解制氢。综上所述,微藻在生物燃料制备、CO_2固定、生物制氢、废水处理等领域都具有巨大的潜力和发展前景[18]。表 2 中所示为常见微藻干重中的油脂含量。

表 2　常见微藻干重中的油脂含量[16]

Tab. 2　Lipid content of common microalgae dry weight[16]

微藻种类	油脂含量(%,干重)
Botryococcus braunii	25～75
Chlorella sp.	28～32
Crypthecodinium cohnii	20
Cylindrotheca sp.	16～37
Dunaliella primolecta	23
Isochrysis sp.	25～33
Monallanthus salina	＞20
Nannochloris sp.	20～35
Nannochloropsis sp.	31～68
Neochloris oleoabundans	35～54
Nitzschia sp.	45～47
Phaeodactylum tricornutum	20～30
Schizochytrium sp.	50～77
Tetraselmis sueica	15～23

尽管微藻在生物燃料制备方面前景广阔,缺乏稳定的低成本原料供应以及微藻的采收等问题,导致了微藻培养成本过高,经济可行性是制约其商业化的重要因素。目前仍需从以下几方面改进:①藻种选择需要平衡对生物燃料和其他有价副产品的需求;②建立可连续生产的系统,以取得更高的光合效率;③开发适合单一藻种的培养技术,减少蒸发损失和CO_2扩散损失;④将水源和CO_2输送、微藻采收和提炼中的能耗汇总计算负能量平衡;⑤目前商业化运行的微藻培养设施较少,缺乏足够的数据样本指导微藻培养的大规模应用;⑥将烟道气用于微藻培养,其中高浓度的 NO_x 和 SO_x 会对微藻产生毒害作用[16,19-21]。

3 微藻生物燃料的制备

3.1 微藻的培养

3.1.1 藻种的选择

不同藻种或株系对营养、光照要求不同，对环境适应能力差别很大，其生长速率、产量以及积累碳水化合物的能力等也存在明显差异[22]。因此，含油率高藻种的筛选，是制备微藻生物燃料的关键环节，油脂含量较高的微藻主要集中在绿藻、硅藻、金藻等真核微藻种群[3]，在某些特殊条件下（如氮短缺、硅不足时），微藻细胞中会积累大量的油脂[23,24]。理想的微藻藻种应具备如下特点：①光合效率高，固碳能力强，可在高光强度下实现高产；②细胞生长快，能形成较大的细胞个体，同时细胞膜较薄，易于破壁；③对高氧浓度不敏感；④可实现生长和油脂积累的同步进行；⑤形成的油脂可分泌到细胞外；⑥对温度和季节性变化适应范围宽，剪切力耐受力强，抗感染；⑦副产品附加值高；⑧细胞易絮凝收集等。目前，已知的藻种通常仅具备部分上述特点，还没有发现一株同时具备上述全部特点的藻种[5,6,25]，可以通过基因工程等藻种培育手段，增强微藻对极端水质条件的环境耐受力，同时，尽可能提高微藻的生长速度和油脂合成能力[26,27]。

3.1.2 培养条件的控制

微藻培养条件主要包括营养方式、温度、光照、CO_2浓度、DO、pH以及营养物质种类及含量等。不同培养条件，对微藻培养过程均会造成影响。

微藻营养方式主要分自养、异养或混合营养，在不同的营养条件下，微藻可利用不同的营养方式进行生长，在大规模开放培养系统中，大部分光能都不能得到有效利用，微藻的光合效率一般低于7%[28]。通过异养或混合营养培养，可以消除光抑制，提高藻细胞的生物量。Miao等[29]的研究表明，通过异养培养可使蛋白核小球藻的脂肪含量为自养细胞脂肪含量的4倍，然而微藻的异养培养需要大量的有机碳源，导致培养成本过高。考虑到微藻不同生长模式的不足，两步培养模式受到越来越多的关注[30]。不同微藻受温度影响的差别较大，温度对微藻生长及油脂合成的影响因藻种而异，但总的趋势是随温度的降低，脂肪酸的不饱和度增加，生长速度变缓，生物量降低[31]。一般在微藻培养过程中，先将微藻在最适温度下培养一段时间，再转入低温培养，以积累较多的多不饱和脂肪酸[32]。光是微藻生长的限制因子，各种光操作条件对微藻生长的影响是不一致的。一般而言，高光强可促进光合效率，但过高的光强则产生光抑制，而间歇的高强度光照可提高光合效率[33]。在微藻的光能自养培养系统中，过高的DO会抑制藻的光合作用。微藻异养培养不受环境条件影响，相比于自养培养，异养培养有着更高的生长量和油脂含量，但往往会受到DO供应的限制[34]。Widjaja等[35]研究发现，高浓度CO_2培养既可缩短培养时间，又可提高油脂含量和油脂产率。pH是影响藻类生长代谢的重要因子，还会对物质的存在状态和毒性有影响[36]，进而影响对有机物、氮磷及重金属的去除效果[37]，最佳pH范围与具体的微藻种类、培养环境和培养基中的营养物质成分有关。

碳源也是影响藻类细胞生长的重要因素，最适合细胞生长和油脂合成的碳源是葡萄糖。藻类的生长状况与污水中N和P营养物质去除率的高低呈正相关，黄建忠等[38]进行的不同氮源影响细胞油脂合成的实验表明，酵母膏不仅适宜细胞生长，而且是油脂合成的最佳氮源，在葡萄藻培养系统中的对数生长期后期添加适量氮源，则可获得较高的生物量[39]。目前，提高微藻产油脂率的主要手段有：降低培养液中的氮和硅含量，限制培养液中磷酸盐含量及选择适当的pH、光照强度、温度、金属离子浓度等培养条件[40]。在实际培养过程中，搅拌程度、外加CO_2的供给量、微藻收获的频率以及水力停留时间等，都是影响藻类生物量和废水净化效果的主要因素[41]。此外，在微藻培养中，其他藻种和微生物的污染也是影响微藻生长的主要问题之一，会降低目标藻类生长量及废水处理效果，可通过提高微藻的初始接种量来调节[42]。

3.1.3 培养系统的选择

研制和应用合适的培养系统，是实现微藻的高密度和规模化培养的重要技术，也是对生物质能源最大限度开发的必要手段。微藻培养系统通常是指具有光、温度、溶解氧、CO_2、pH、营养物浓度等培养条件的调控系统，能够实现连续或半连续运行的微藻光生物反应器[43,44]。微藻光生物反应器主要分为开放式和封闭式两大类。开放式微藻培养系统包括天然水体（湖泊、泻湖、池塘等）和人工池塘等[16]，其中，以平行跑道池为代表（parallel raceway ponds，PRPs），具有结构简单、建设成本低、易管理维护、技术经济等特点，但也存在土地占用大、水耗高、气候环境要求高（温度、光照、CO_2供给等）、易受其他微生物干扰、传质速率低等问题[44,45]。目前，仅有少数能耐受能力强的藻种（小球藻、盐藻和螺旋藻等）可用于开放式培养，其余多数藻种只能采用封闭式光生物反应器（photobioreactors，PBRs），在调控适宜的环境下培养。

开放跑道池（open raceway ponds，ORPs）实际上是一种环形浅池，一般以自然光作为光源，以蹼轮转动作为动力使培养液在池内混合、循环，防止藻体沉淀并提高藻细胞的光能利用率。图1A、B分别为开放跑道池的结构简图及实例。

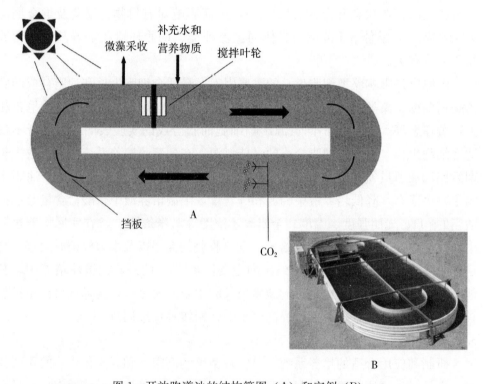

图1　开放跑道池的结构简图（A）和实例（B）

Fig. 1　Structure diagram （A） and instance （B） of open raceway pond

开放池的缺点推动了封闭式光生物反应器的发展，至今已有50余年的发展历史，后者针对开放池培养条件控制难、光合效率低及碳源供应不足等问题做出了改进，封闭式光生物反应器可用于自养、异养或混合营养培养方式，可分为管道式、垂直柱式以及平板式等，如图2所示。

封闭式光生物反应器适用于较少量纯种微藻的快速培养，可为大规模产油

A   B   C

图 2　不同类型的封闭式光生物反应器

A. 管道式　B. 垂直柱式　C. 平板式

Fig. 2　Different types of photobioreactor

微藻的大池培养提供藻种，或高附加值经济微藻的生产等，其反应器操作简单，条件稳定，成品质量高，但生产成本较高，需要解决微藻最佳培养条件和最低成本消耗之间的优化问题[46]。表 3 对开放式跑道池和封闭式光生物反应器的优缺点进行了比较，表 4 是对两者产量的比较。

表 3　两种微藻培养系统的特点比较[47]

Tab. 3　Characteristics comparison of two kinds of microalgae cultivating systems[47]

培养器类型	优　点	缺　点
开放式跑道池	投资运行成本低，相对经济，容易清洗，技术成熟，易于放大	培养条件难以控制，不能长期连续培养，产量低，占地面积大，可培养藻类较少，易受污染，难以纯种培养，水蒸发严重，收获工作量大，受外界自然环境影响较大，CO_2 补充困难
封闭式光生物反应器	密闭培养，可纯种培养，不易染菌，生产效率高，占地面积小，生物质密度高，易于收获，水消耗少，可对参数进行控制，受外界影响小	投资运行成本高，清洗困难，需强化传质、传热及透光，技术先进但不成熟

表 4　光生物反应器（PBR）和跑道池（ORP）的产量对比[15]

Tab. 4　Production comparison of photobioreactor (PBR) and open raceway pond (ORP)[15]

参　数	PBR	ORP
年产生物量（kg）	100 000	100 000
单位体积产率（$kg m^{-3} d^{-1}$）	1.535	0.117
单位面积产率（$kg m^{-2} d^{-1}$）	0.048[a] 0.072[c]	0.035[b]

（续）

参　数	PBR	ORP
生物量浓度（kg/m³）	4.00	0.14
稀释速率（d⁻¹）	0.384	0.250
所需面积（m²）	5681	7828
产油量（m³/hm²）	136.9[d] 58.7[e]	99.4[d] 42.6[e]
年 CO_2 消耗量（kg）	183 333	183 333
系统构型	132 根平行管/单元； 管长 80m；管径 0.06m	面积 978m²/个池塘；宽度 12m；长度 82m；深度 0.30m
单元数量	6	8

注：[a] 基于设备占地面积；[b] 基于池塘实际面积；[c] 基于 PBR 中管路投影面积；[d] 油含量达到细胞干重的 70%；[e] 油含量达到细胞干重的 30%。

许多研究和商业应用的案例都倾向于使用封闭式光生物反应器，与开放式培养系统相比，前者可以通过控制优化的生长条件（包括 CO_2 和水源供应量、温度、光强、湍动程度、养殖密度、pH、气体交换速率等），在封闭系统中可以实现对上述影响因素的精确控制。设计良好的光生物反应器应考虑以下因素：①最大化体积与表面积比，以增强光照的穿透性；②良好的温控和纯种培养中的污染物含量；③空气/ CO_2 曝气的空间排布；④通过增大接触面积提高 CO_2 的传质速率；⑤配备新型的流体传感器，连续监测培养液中的藻细胞浓度。

尽管开放式跑道池较封闭式光生物反应器建设和运行费用低，但其带来的低产量、易受环境条件影响的技术问题限制了其应用，后者可以培养出高油含量的微藻（40%～55%），因此有时可以考虑采用组合培养系统，充分发挥两者的特点和优势[12,15,16]。

3.2　微藻的采收

微藻的采收问题，是微藻制备生物质能源产业化进程中的主要制约因素之一。考虑到微藻细胞个体较小（通常在 $1\sim30\mu m$）、细胞表面呈负电性、微藻生物量浓度较低（一般在 $0.5\sim3.0g/L$）等特点，使得微藻的采收成本高达整个微藻产业生产成本的 20%～30%[48]。因此，选取合适的采收方法，高效低成本地对微藻进行收获和脱水，是实现微藻产业化路上必须解决的关键问题之一[49-51]。目前，用于微藻采收的方法，主要包括离心、浮选、絮凝、过滤、沉淀和以上几种方式结合。

离心法被认为是最有效的分离方法之一，然而由于微藻生物量浓度较低，离心所得上清液体积巨大，导致这一方法能耗和成本都很高[5,26]。过滤法仅可用于大型藻的收获，如螺旋藻和微芒藻[27]。气浮法是一种实现固液快速分离的新型分离技术，通过调节 pH、增大回流比、延长溶气时间和接触停留时间等操作参数，可以简便、安全、高效地从培养液中采收微藻细胞[31]，它的主要缺点是对环境影响较大且经济性不佳。此外，在底物上固定化培养微藻也被广泛研究，然而聚合物较高的成本、固定化方法大多因藻而异等这些因素限制了这种方法的大量应用[52]。Zhou 等[53]利用絮凝性微生物絮凝微藻，再通过简单的过滤分离采收微藻，采用可自成球的曲霉絮凝小球藻，实现微藻的高效采收，并将此共生体应用于市政污水和畜禽废水处理；类似的，Salim 等[27]利用类芽孢杆菌 AM49 来絮凝小球藻；Lee 等[54]研究发现，可以成球真菌为生物质载体，利用真菌的絮凝性，实现微藻的固定化和采收。利用絮凝性微生物絮凝微藻的生物絮凝法为微藻的采收开辟了新的思路，显著降低了采收成本，被认为是最具前景的采收技术之一。Gouveia 等[55]研究发现，采用电絮凝的方法采收微藻，能耗大大低于离心法（能耗降低 89%）。而许多研究结果也表明，电絮凝在微藻采收中具有良好的商业应用前景[56-60]。

3.3 微藻生物燃料的制备方式

在含油微藻生物质的利用过程中，微藻油脂的提取是关键环节。其提取效率与提取成本在微藻生物燃料最终成本中占有较大比重，藻体油脂提取工艺也与微藻的油脂收率及产品品质有直接关系。

目前，主要提取方法有微波辅助提取技术、超临界流体提取技术、热裂解法、混合有机溶剂提取法等。已有研究对多种油脂提取方法的效果进行比较，发现微波辅助提取技术与超声波破碎法，在油脂提取与细胞破碎方面均为更有效的方法[61]。Balasubramania 等[19]利用微波辅助提取技术，将油脂提取效率提升到 77%，在提取过程中对两种方法进行结合，应能大大提高最终效率。

另外，通过进行预处理或加入其他媒介进行协助，能够将油脂的提取效率进一步提升。例如，在超声处理前对微藻进行研磨，能够提升油脂提取效果[62]。

　　微藻油脂提取完成后，主要通过酯交换法和催化裂解法对其进行转化，以达到生产生物燃料的目的。由于前者具有能耗低、所得成品易挥发、黏度低的特点，酯交换法在实际生产过程中应用最为广泛[63]。催化裂解法最大的优点是，其得到的液体产物是烃、羰基化合物和脂肪酸的混合物[64]，与汽油类似，其产物适用范围更广，已有研究试图将此技术与石油化工相结合[65,66]，以获得更好的效果。

　　虽然制备微藻生物燃料的前景良好，但仍面临诸多挑战，其中的主要矛盾就是利用微藻生产生物燃料的成本超过了其自身贮存的化学能。在这个背景下，微藻"生物炼制"——一个整合藻类生物质转换过程和利用微藻生物质生产燃料、电力、副产品的平台应运而生[67,68]。图3为利用藻类全细胞和脱脂藻渣炼制生物燃料全过程图，该过程能够最大程度地利用微藻细胞的生物质资源，在对微藻细胞提取油脂之后，从剩余藻渣中继续提取多糖、蛋白质和色素等高附加价值的生物活性物质，并将这些物质分离提纯，应用于食品与医药等领域，而残余物还可用于发酵生产生物燃气。基于微藻的生物炼制集成系统一方面能够综合利用微藻生物质生产生物燃料；另一方面，最大化利用了微藻生物质资源，间接降低生产成本，提高经济效益。

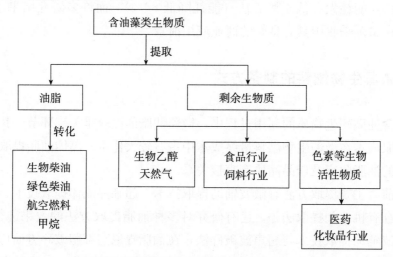

图 3　微藻生物质的综合利用过程

Fig. 3　Integrated utilization process of microalgae biomass

4 技术经济性分析

尽管微藻在生物燃料生产中有着不可比拟的潜力和优势，但微藻的能源制备成本目前仍是限制其进一步大规模发展和应用的关键因素。如何提高其技术经济性，成为了亟待解决的关键问题之一。基于微藻的生物质能源提炼成本主要集中在微藻培养和采收方面[5,69]，通常微藻培养中所需的营养物质和水占据了生产总成本的 20%～30%[70-72]，微藻大规模培养系统的制造与运行费用在生产成本中占据了很大比例。图 4 和图 5 分别为 ORPs 和 PBRs 的投资成本和运行成本的比较。

Norsker 等[73]通过研究得到 ORPs、横管式 PBRs 和平板式 PBRs 的微藻培养成本分别为 4.95、4.16 和 5.96 欧元/kg 生物量（基于 100hm² 面积计算）。Chisti[15]估算 PBRs 和 ORPs 培养成本分别为 2.95、3.80 美元/kg（基于年产 100t 计算）。Davis 等[74]的通过 ORPs 和 PBRs 养藻并炼制生物柴油，在 10% 回报率下的总成本分别为 9.84 和 20.53 美元/加仑（基于年产 9.3 百万加仑，约 3.52 万 t），而化石柴油成本为 2.60 美元/加仑。基于 Davis 的研究，Richardson 等[75]计算出 ORPs 和 PBRs 制备生物柴油的总成本分别为 13.40、33.86 美元/加仑。之后，Richardson 等[73]认为，前人的研究[74-76]将 ORPs 和 PBRs 的单位面积产量和油脂含量按等同计算与实际情况不符，通常 PBRs 中微藻的产油率高于 ORPs[77]，此外，PBRs 培养微藻具有更好的稳定性、连续性和生物量密度，使得其耗水量和单位生物量能耗降低，这些都与技术经济性密切相关。因此，作者采用 FARM 模型对两种培养模式的经济性进行了重新计算分析，ORPs 和 PBRs 的投资成本和运行成本如图 6 和图 7 所示。在投资成本方面，油脂提取的比重达到了总提炼成本的 75% 以上；而在采收阶段，气浮和超滤费用超过了总费用的 90%；在培养阶段的反应器费用是全部投资成本中比例最大的一项，在 ORPs 和 PBRs 的费用中分别贡献了 81% 和 94%。在运行成本方面，溶剂成本占据了提炼成本的 80% 以上；而在采收成本中，化学品和维护费占比超过 90%；在培养成本中，维护费和人力成本比重大于 80%。由计算结果来看，目前两种培养系统都还不具备经济可行性，但 PBRs 系统具有更高的净现值和更低的单位生产成本，且较 ORPs 系统的相对风险低 26%，说明 PBRs 具有更稳定的生物量产量和油脂产量。

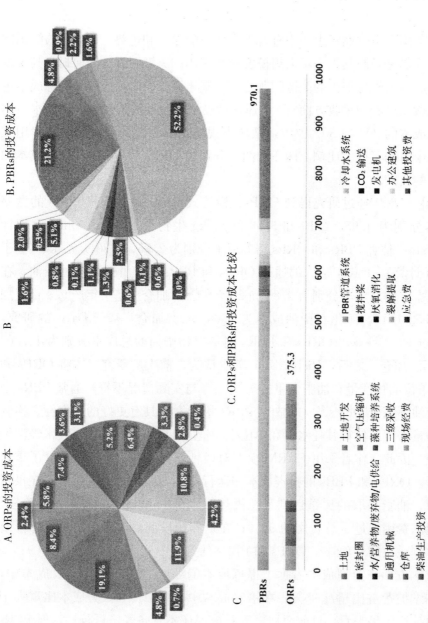

图4 ORPs和PBRs的投资成本比较[73,74]（单位：百万美元，设计规模：油脂产量1 000万加仑/年，合3.785万t/年）

Fig. 4 Comparison of ORPs and PBRs investment cost[73,74] (unit: millions of dollars; design size: lipid production of 10 million gallons per year, and 37850 tons/year)

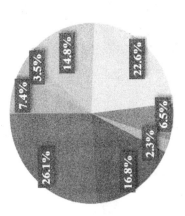

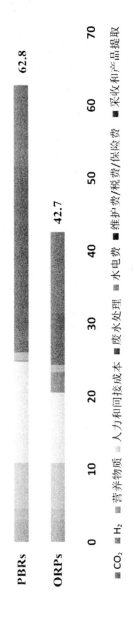

A. ORPs的首年运行成本

B. PBRs的首年运行成本

C. ORPs和PBRs的首年运行成本比较

■CO₂ ■H₂ ■营养物质 □人力和间接成本 ■废水处理 ■水电费 ■维护费/税费/保险费 ■采收和产品提取

图5 ORPs和PBRs的运行成本比较[73,74]（单位：百万美元，设计规模：油脂产量1 000万加仑/年，含3.785万t/年）

Fig. 5 Comparison of ORPs and PBRs operating cost[73,74] (unit: millions of dollars; design size: lipid production of 10 million gallons per year, and 37850 tons/year)

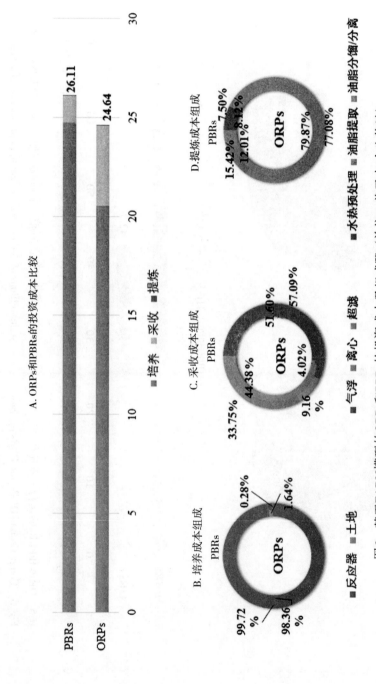

A. ORPs和PBRs的投资成本比较

■ 培养 ■ 采收 ■ 提炼

B. 培养成本组成

C. 采收成本组成

D. 提炼成本组成

■ 反应器 ■ 土地 ■ 气浮 ■ 离心 ■ 超滤 ■ 水热预处理 ■ 油脂提取 ■ 油脂分馏/分离

图6 基于FARM模型的ORPs和PBRs的投资成本及组成[75]（单位：美元/加仑生物油）

Fig. 6 Investment cost and composition of ORPs and PBRs based on FARM model[75](unit: dollars /gallon of bio-oil)

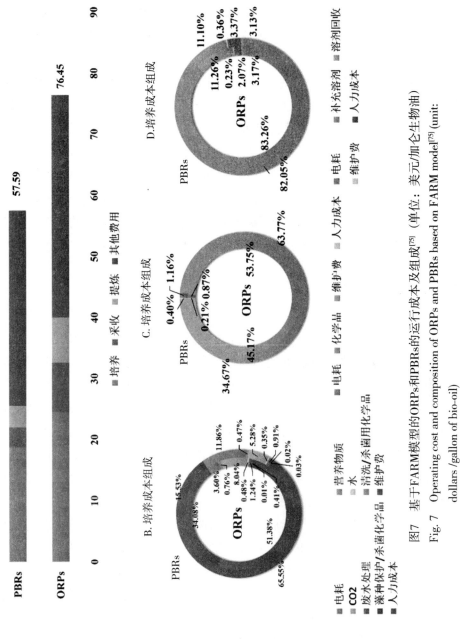

图7 基于FARM模型的ORPs和PBRs的运行成本及组成[75] (单位：美元/加仑生物油)

Fig. 7 Operating cost and composition of ORPs and PBRs based on FARM model[75] (unit: dollars /gallon of bio–oil)

尽管已有很多研究者通过培养各种藻类制备生物柴油，并计算了生产成本。但也有研究者认为，在能够实现不小于 100 万加仑（约 3 785.4t/年）规模的微藻生物燃料生产之前，任何关于微藻生物燃料经济性的计算结果都是不准确的，因为许多关于规模化制备的经济和资源方面的成本目前还仍难以预计[16]。

目前，已有少数公司在微藻生物燃料开发和应用取得了一些成果和突破，并引起了全球范围的广泛关注。美国生物能源公司 Solazyme 于 2008 年成功生产了数千加仑的达到美国材料试验协会（American Society for Testing and Materials，ASTM）D-975 标准的微藻生物燃料，并成为世界首家提供喷气机微藻生物燃油的公司。2009 年，该公司售出 2 万加仑微藻燃料，折合售价为 425 美元/加仑，2010 年售出 15 万加仑，售价为 67 美元/加仑。美国 Sapphire Energy 公司计划到 2018 年生产微藻生物燃料 100 万加仑（约 3785.4t/年）。2025 年，进一步将产量提高到 10 亿加仑（约 378.5 万 t/年)[16]。

5 结论与展望

利用微藻生产生物燃料的可行性，已经在越来越多的研究和实践中得到证实。但目前在技术经济性和环境可持续性等方面，仍存在一些困难和障碍，限制了其进一步商业化和工业化应用。近年来，将经过适当处理后的废水作为培养基用于微藻培养，制备生物燃料成为微藻能源研究的热点。基于废水处理的微藻生物燃料制备，一方面可以降低微藻生产中的营养物和水源成本，获得可用的生物燃料；另一方面充分发挥了微藻在废水处理中的优势，可同步去除废水中的氮磷、重金属等传统活性污泥处理工艺难以去除的污染物，在净化水质的同时实现污水的资源化利用。

本课题组用富含挥发性脂肪酸的养殖废水培养微藻，不仅可以获得更高的增长率（0.90d⁻¹），藻体中的脂肪酸含量也有显著增加（干重的 10.93%）[78]，在叠加式光生物反应器中利用酸消化后的养殖废水在不同稀释倍数下培养微藻，结果显示，在稀释 8 倍且水力停留时间为 2.26d 时，能获得较高并且相对稳定的蛋白质和油脂含量（分别为 58.78% 和 26.09%）[79]。我们还对浓缩市政废水做了相关研究，研究发现，在浓缩市政污水中藻类的增长显著增强（超 10 倍），可能是由于其具有相对于其他废水更高浓度的 COD、N、P[80]。结果表明，藻类去除氨、总氮、总磷和 COD 的比例分别高达 93.9%、89.1%、80.9%和 90.8%。半连续操作模式的进一步扩大实验表明，藻类的每天生物量生产力高达 0.92g/L，当其在 25L 圈式光生物反应器中培养，并在半连续操作下的最佳水力停留时间为 3d 时，一株从当地市政污水处理厂分离出的藻株，净生物量可达到 $1.51g \cdot L^{-1} \cdot d^{-1}$[20]，这远远高于在较低营养水平（$9.2mg \cdot L^{-1} \cdot d^{-1}$）的市政污水中的生长情况[81]。我们通过本地筛选获得 27 种兼性异养藻种，其中，17 种藻株能耐受高浓度市政废水，这些本地筛选的藻株具有较高的增长率（$0.455 \sim 0.498 d^{-1}$）和油脂生产能力（$74.5 \sim 77.8mg \cdot L^{-1} \cdot d^{-1}$）[21]。此外，通过自养-异养两步培养法，获得最大生物质浓度和油脂含量分别为 1.16g/L 和 33.22%，废水中营养物质去除效果也十分显著，总磷、氨氮、总氮和 COD 的去除效率分别达到了 98.48%、100%、90.60%和 79.10%[82]。

以上研究表明，利用营养丰富的市政污水培养藻类，是一个提高藻类生物量和服务的双重角色的新选项，尤其是作为去除污水中的营养物和作为具有成本效益的生产生物燃料的原料。

参 考 文 献

［1］ Yuan J，Xu Y，Hu Z，et al. Peak energy consumption and CO_2 emissions in China ［J］. Energy Policy，2014，68（2）：508-523.

［2］ 闵恩泽，姚志龙. 近年生物柴油产业的发展——特色、困境和对策 ［J］. 化学进展，2007（Z2）：1050-1059.

［3］ Chisti Y. Biodiesel from microalgae ［J］. Biotechnology advances，2007，25（3）：294-306.

［4］ 王琴，符筛茵，应月，等. 废水养殖高油微藻的研究进展 ［J］. 现代食品科技，2013（6）：1442-1446.

［5］ Wijffels R H，Barbosa M J. An outlook on microalgal biofuels ［J］. Science，2010，329（5993）：796-799.

［6］ Brennan L，Owende P. Biofuels from microalgae-A review of technologies for production，processing，and extractions of biofuels and co-products ［J］. Renewable and Sustainable Energy Reviews，2010，14（2）：557-577.

［7］ 郝国礼，刘佳，陈超，等. 利用微藻制备生物能源的研究进展 ［J］. 唐山师范学院学报，2011（05）：40-43.

［8］ Wang B，Li Y，Wu N，et al. CO_2 bio-mitigation using microalgae ［J］. Applied Microbiology and Biotechnology，2008，79（5）：707-718.

［9］ Adenle A A，Haslam G E，Lee L. Global assessment of research and development for algae biofuel production and its potential role for sustainable development in developing countries ［J］. Energy Policy，2013，61：182-195.

［10］ Lee J，Yoo C，Jun S，et al. Comparison of several methods for effective lipid extraction from microalgae ［J］. Bioresource technology，2010，101（1）：S75-S77.

［11］ Schenk P M，Thomas-Hall S R，Stephens E，et al. Second generation biofuels：high-efficiency microalgae for biodiesel production ［J］. Bioenergy research，2008，1（1）：20-43.

［12］ Hu Q，Sommerfeld M，Jarvis E，et al. Microalgal triacylglycerols as feedstocks for biofuel production：perspectives and advances ［J］. PLANT JOURNAL，2008，54（4）：621-639.

［13］ Dismukes G C，Carrieri D，Bennette N，et al. Aquatic phototrophs：efficient alterna-

tives to land-based crops for biofuels［J］. Current opinion in biotechnology，2008，19
（3）：235-240.

［14］ Searchinger T，Heimlich R，Houghton R A，et al. Use of US croplands for biofuels
increases greenhouse gases through emissions from land-use change［J］. Science，
2008，319（5867）：1238-1240.

［15］ Chisti Y. Biodiesel from microalgae［J］. Biotechnology advances，2007，25（3）：
294-306.

［16］ Menetrez M Y. An overview of algae biofuel production and potential environmental im-
pact［J］. Environmental science & technology，2012，46（13）：7073-7085.

［17］ Spolaore P，Joannis-Cassan C，Duran E，et al. Commercial applications of microalgae
［J］. Journal of bioscience and bioengineering，2006，101（2）：87-96.

［18］ 张亚雷，褚华强，周雪飞，等. 废水微藻资源化处理原理与技术［M］. 北京：科学出
版社，2016：1-248.

［19］ Balasubramanian S，Allen J D，Kanitkar A，et al. Oil extraction from Scenedesmus
obliquus using a continuous microwave system – design，optimization，and quality
characterization［J］. Bioresource Technology，2011，102（3）：3396-3403.

［20］ Zhou W，Li Y，Min M，et al. Growing wastewater-born microalga Auxenochlorella
protothecoides UMN280 on concentrated municipal wastewater for simultaneous nutri-
ent removal and energy feedstock production［J］. Applied Energy，2012，98：
433-440.

［21］ Zhou W，Li Y，Min M，et al. Local bioprospecting for high-lipid producing microalgal
strains to be grown on concentrated municipal wastewater for biofuel production［J］.
Bioresource Technology，2011，102（13）：6909-6919.

［22］ Chen P，Min M，Chen Y，et al. Review of biological and engineering aspects of algae
to fuels approach［J］. International Journal of Agricultural and Biological
Engineering，2010，2（4）：1-30.

［23］ Hsieh C，Wu W. Cultivation of microalgae for oil production with a cultivation strategy
of urea limitation［J］. Bioresource technology，2009，100（17）：3921-3926.

［24］ Meng X，Yang J，Xu X，et al. Biodiesel production from oleaginous microorganisms
［J］. Renewable energy，2009，34（1）：1-5.

［25］ 李健，张学成，胡鸿钧，等. 微藻生物技术产业前景和研发策略分析［J］. 科学通报，
2012（1）：23-31.

［26］ Uduman N，Qi Y，Danquah M K，et al. Dewatering of microalgal cultures：a major
bottleneck to algae-based fuels［J］. Journal of renewable and sustainable energy，

2010，2（1）：12701.

[27] Salim S，Bosma R，Vermuë M H，et al. Harvesting of microalgae by bio-flocculation [J]. Journal of applied phycology，2011，23（5）：849-855.

[28] Molina E，Fernández J，Acién F G，et al. Tubular photobioreactor design for algal cultures [J]. Journal of biotechnology，2001，92（2）：113-131.

[29] Miao X，Wu Q. Biodiesel production from heterotrophic microalgal oil [J]. Bioresource technology，2006，97（6）：841-846.

[30] Courchesne N M D，Parisien A，Wang B，et al. Enhancement of lipid production using biochemical，genetic and transcription factor engineering approaches [J]. Journal of biotechnology，2009，141（1）：31-41.

[31] 孔维宝，华绍烽，宋昊，等. 利用微藻生产生物柴油的研究进展 [J]. 中国油脂，2010（8）：51-56.

[32] 蒋汉明，翟静，张媛英，等. 温度对海洋微藻生长及脂肪酸组成的影响 [J]. 食品研究与开发，2005（6）：9-12.

[33] Jacob-Lopes E，Scoparo C H G，Lacerda L M C F，et al. Effect of light cycles (night/day) on CO_2 fixation and biomass production by microalgae in photobioreactors [J]. chemical engineering and Processing：Process Intensification，2009，48（1）：306-310.

[34] Clark G J，Bushell M E. Oxygen limitation can induce microbial secondary metabolite formation：investigations with miniature electrodes in shaker and bioreactor culture [J]. Microbiology，1995，141（3）：663-669.

[35] Widjaja A，Chien C，Ju Y. Study of increasing lipid production from fresh water microalgae Chlorella vulgaris [J]. Journal of the Taiwan Institute of Chemical Engineers，2009，40（1）：13-20.

[36] Borowitzka M A，Borowitzka L J. Micro-algal biotechnology. [M]. Cambridge University Press，1988.

[37] Mallick N. Biotechnological potential of immobilized algae for wastewater N，P and metal removal：a review [J]. biometals，2002，15（4）：377-390.

[38] 黄建忠，施巧琴，周晓兰，等. 深黄被孢霉高产脂变株的选育及其发酵的研究 [J]. 微生物学通报，1998，25（4）.

[39] 王军，杨素玲，丛威，等. 营养条件对产烃葡萄藻生长的影响 [J]. 过程工程学报，2003（2）：141-145.

[40] 周新虹，池朝华，蔡钒，等. 微藻生产生物柴油的前景与挑战 [J]. 农产品加工（学刊），2012（3）：103-106.

[41] Zhou W，Chen P，Min M，et al. Environment-enhancing algal biofuel production using

wastewaters [J]. Renewable and sustainable energy reviews，2014，36：256-269.

[42] Lau P S，Tam N，Wong Y S. Effect of algal density on nutrient removal from primary settled wastewater [J]. Environmental Pollution，1995，89 (1)：59-66.

[43] 刘斌，陈大明，游文娟，等 . 微藻生物柴油研发态势分析 [J]. 生命科学，2008 (6)：991-996.

[44] 孟范平，宫艳艳，马冬冬 . 基于微藻的水产养殖废水处理技术研究进展 [J]. 微生物学报，2009 (06)：691-696.

[45] Ugwu C U，Aoyagi H，Uchiyama H. Photobioreactors for mass cultivation of algae [J]. Bioresource Technology，2008，99 (10)：4021-4028.

[46] 李华，王伟波，刘永定，等 . 微藻生物柴油发展与产油微藻资源利用 [J]. 可再生能源，2011 (04)：84-89.

[47] 沈丰菊 . 利用污水大规模培养微藻生产生物柴油技术研究现状 [J]. 农业工程技术（新能源产业），2012 (2)：19-22.

[48] Gouveia L，Graça S，Sousa C，et al. Microalgae biomass production using wastewater：Treatment and costs：Scale-up considerations [J]. Algal Research，2016，16：167-176.

[49] 李涛，李爱芬，万凌琳，等 . 中国微藻生物质能源专利技术分析 [J]. 可再生能源，2012 (3)：36-42.

[50] 周文广，阮榕生 . 微藻生物固碳技术进展和发展趋势 [J]. 中国科学：化学，2014 (1)：63-78.

[51] 郭锁莲，赵心清，白凤武 . 微藻采收方法的研究进展 [J]. 微生物学通报，2015 (4)：721-728.

[52] De-Bashan L E，Bashan Y. Immobilized microalgae for removing pollutants：review of practical aspects [J]. Bioresource technology，2010，101 (6)：1611-1627.

[53] Zhou W，Cheng Y，Li Y，et al. Novel fungal pelletization-assisted technology for algae harvesting and wastewater treatment [J]. Applied biochemistry and biotechnology，2012，167 (2)：214-228.

[54] Lee A K，Lewis D M，Ashman P J. Microbial flocculation，a potentially low-cost harvesting technique for marine microalgae for the production of biodiesel [J]. Journal of Applied Phycology，2009，21 (5)：559-567.

[55] Gouveia L，Graça S，Sousa C，et al. Microalgae biomass production using wastewater：Treatment and costs：Scale-up considerations [J]. Algal Research，2016，16：167-176.

[56] Gao S，Du M，Tian J，et al. Effects of chloride ions on electro-coagulation-flotation process with aluminum electrodes for algae removal [J]. Journal of Hazardous Materi-

als，2010，182（1）：827-834.

[57] Gao S，Yang J，Tian J，et al. Electro-coagulation-flotation process for algae removal [J]. Journal of hazardous materials，2010，177（1）：336-343.

[58] Vandamme D，Pontes S C V，Goiris K，et al. Evaluation of electro-coagulation-floccu-lation for harvesting marine and freshwater microalgae [J]. Biotechnology and bioen-gineering，2011，108（10）：2320-2329.

[59] Uduman N，Bourniquel V，Danquah M K，et al. A parametric study of electrocoagu-lation as a recovery process of marine microalgae for biodiesel production [J]. Chemical Engineering Journal，2011，174（1）：249-257.

[60] Pacheco R，Ferreira A F，Pinto T，et al. The production of pigments & hydrogen through a Spirogyra sp. biorefinery [J]. Energy Conversion and Management，2015，89：789-797.

[61] Lee J，Yoo C，Jun S，et al. Comparison of several methods for effective lipid extraction from microalgae [J]. Bioresource technology，2010，101（1）：S75-S77.

[62] Pernet F，Tremblay R. Effect of ultrasonication and grinding on the determination of lipid class content of microalgae harvested on filters [J]. Lipids，2003，38（11）：1191-1195.

[63] 方岳亮. 酯交换技术制备生物柴油的研究 [D]. 浙江工业大学，2005.

[64] 刘玉环，刘英语，王允圃，等. 油脂催化裂解制备可再生烃类燃料研究进展 [J]. 化工进展，2013（11）：2588-2592.

[65] Melero J A，Clavero M M，Calleja G，et al. Production of biofuels via the catalytic cracking of mixtures of crude vegetable oils and nonedible animal fats with vacuum gas oil [J]. Energy & Fuels，2009，24（1）：707-717.

[66] Padmaja K V，Atheya N，Bhatnagar A K. Upgrading of Candelilla biocrude to hydro-carbon fuels by fluid catalytic cracking [J]. Biomass and Bioenergy，2009，33（12）：1664-1669.

[67] 刘天中，王俊峰，陈林. 能源微藻及其生物炼制的现状与趋势 [J]. 生物产业技术，2015（4）：31-39.

[68] 游金坤，余旭亚，崔佳丽. 微藻生物柴油的发展现状及趋势 [J]. 中国油脂，2011（3）：47-51.

[69] 霍书豪，周卫征，朱顺妮，等. 能源微藻类生物质培养技术及能源物质形态构成 [J]. 可再生能源，2014（12）：1895-1901.

[70] Chen C，Yeh K，Aisyah R，et al. Cultivation，photobioreactor design and harvesting of microalgae for biodiesel production：a critical review [J]. Bioresource technology，

2011, 102 (1): 71-81.

[71] Clarens A F, Resurreccion E P, White M A, et al. Environmental life cycle comparison of algae to other bioenergy feedstocks [J]. Environmental science & technology, 2010, 44 (5): 1813-1819.

[72] Benemann J R. Open ponds and closed photobioreactors - comparative economics [C]. 2008.

[73] Richardson J W, Johnson M D, Zhang X, et al. A financial assessment of two alternative cultivation systems and their contributions to algae biofuel economic viability [J]. Algal Research, 2014, 4: 96-104.

[74] Davis R, Aden A, Pienkos P T. Techno-economic analysis of autotrophic microalgae for fuel production [J]. Applied Energy, 2011, 88 (10): 3524-3531.

[75] Richardson J W, Johnson M D, Outlaw J L. Economic comparison of open pond raceways to photo bio-reactors for profitable production of algae for transportation fuels in the Southwest [J]. Algal Research, 2012, 1 (1): 93-100.

[76] Delrue F, Setier P, Sahut C, et al. An economic, sustainability, and energetic model of biodiesel production from microalgae [J]. Bioresource technology, 2012, 111: 191-200.

[77] Quinn J C, Yates T, Douglas N, et al. Nannochloropsis production metrics in a scalable outdoor photobioreactor for commercial applications [J]. Bioresource Technology, 2012, 117: 164-171.

[78] Hu B, Min M, Zhou W, et al. Enhanced mixotrophic growth of microalga Chlorella sp. on pretreated swine manure for simultaneous biofuel feedstock production and nutrient removal [J]. Bioresource Technology, 2012, 126: 71-79.

[79] Hu B, Zhou W, Min M, et al. Development of an effective acidogenically digested swine manure-based algal system for improved wastewater treatment and biofuel and feed production [J]. Applied Energy, 2013, 107: 255-263.

[80] Li Y, Chen Y, Chen P, et al. Characterization of a microalga Chlorella sp. well adapted to highly concentrated municipal wastewater for nutrient removal and biodiesel production [J]. Bioresource Technology, 2011, 102 (8): 5138-5144.

[81] X. L, K. Y. The research of intelligent Decision Support system based on Case-based Reasoning in the Railway Rescue Command System [C]. 2010.

[82] Zhou W, Min M, Li Y, et al. A hetero-photoautotrophic two-stage cultivation process to improve wastewater nutrient removal and enhance algal lipid accumulation [J]. Bioresource Technology, 2012, 110: 448-455.

微藻能源产业的转型升级

薛　姣[1]　杨维东[1]　刘洁生[1]　李宏业[1*]

1　暨南大学，广州，510632

摘　要：随着世界能源危机和环境恶化的加剧，新型绿色燃料——生物柴油备受关注。微藻具有产油高、生长快，"不与农争地、不与人争粮"的明显优势，成为极具前景的生物柴油新原料。微藻生物柴油的生产，可实现与污水处理、二氧化碳减排等的高度耦合，达到环保可再生。目前，中国微藻能源产业还处在起步阶段，对微藻产油的研究亟待深入，微藻油脂及高附加值代谢物的代谢机理尚不明确存在，缺乏高产优质的产油藻株，并且藻类生物柴油的生产工艺费用较高，生产技术还不成熟等问题。这些微藻能源产业中的问题，制约着微藻能源产业化的进程。本文对微藻柴油的研究现状进行了概括，分析了微藻能源产业中存在的问题，围绕研发高产优质的藻株这一问题，指出了微藻能源产业转型升级的研发方向以及研究重点和发展趋势。

关键词：微藻；生物柴油；藻株

Transition and Upgrading of Microalgal Biofuels

Jiao Xue[1], Wei-Dong Yang[1], Jie-Sheng Liu[1], Hong-Ye Li[1*]

1　Department of Biotechnology, Jinan University, Guang Zhou 510632, China

Abstract：With the degradation of the global environment and the energy crisis intensifies，biodiesel，known as the new green fuel，has attracted much attention. Microalgae have obvious advantages of high oil production，fast growth，no competition for land or food against agriculture or people，which make it become the most potential biodiesel raw material. During microalgal biodiesel production，it can be realized to couple with wastewater treatment and carbon dioxide emission reduction，which is truly environmental friendly and renewable energy. Microalgal biodiesel industry now is still in its infancy，the intensive research on microalgae is urgently needed，and metabolic mechanisms of oil and value-added metabolites are still clear，as well as the lacking of high-yield and superior oil-producing strains、Moreover，the cost of microalgal biodiesel production is high and the technology is deficient. These issues in microalgal biodiesel industry need further study in the future. This review mainly summarizes the current situation of microalgal biodiesel research，to analyze the issues existing in the industry. The review proposes that the microalgal biodiesel industry is in urgent need of transformation and upgrading in the future. In order to obtain high yield and superior microalgal strains，the future research focuses and development trend of microalgal biodiesel are pointed out.

Key words：Microalgae；Biodiesel；Strain

作者简介：薛姣，女，博士研究生，E-mail：jiaoxuefgc@qq.com
李宏业，男，教授，博士生导师，从事微藻代谢机理研究，
E-mail：thyli@jnu.edu.cn

1 微藻能源产业的现状

1.1 微藻的能源应用

化石类能源是当前生产生活中应用的主要的能源，其不可再生，同时也不断给环境带来污染，如汽车尾气污染、增加碳排放、温室效应等。目前，世界范围内主要以作物油及动物脂肪为原料生产生物柴油，但是这些原料有油脂提取难、产量低且仍会占用耕地等缺陷。因此，越来越多的研究把目光投向清

洁、可持续生产的生物能源的开发。微藻作为潜在能源的供应者，具有"不与农争地、不与人争粮"的明显优势，是理想的研究对象（Chisti，2007；Yee，2016）。微藻产油具有一系列优势：①微藻生长速度快，其生物量可以在 24h 增加 1 倍；②含油量高，某些藻类可以达到干重的 50%～77%（表1）；③微藻产油效率远远高于动植物（Mata et al.，2010），部分微藻的产油效率可达玉米的 795 倍；④微藻能够进行光合作用，利用生态系统循环（Vieler et al.，2012）；⑤微藻种类多，适应性非常强，某些微藻可在恶劣环境（滩涂、盐碱地甚至沙漠）下生存，培养条件简单（Mata et al.，2010）。

表1 一些微藻种类的含油量

Tab. 1 Oil content of some microalgae

微藻种类	含油量（干重）（%）
小球藻（*Chlorella vulgaris*）	20～35
三角褐指藻（*Phaeodactylum tricornutum*）	20～30
微拟球藻（*Nannochloropsis spp.*）	20～30
斜生栅藻（*Scenedesmus obliquus*）	11～55
菱形藻（*Nitzschia spp.*）	45～47
葡萄藻（*Botryococcus braunii*）	25～75
裂壶藻（*Schizochytrium*）	50～77

1.2 微藻能源产业的发展现状及不足

近 10 年来，微藻能源产业越来越受国际重视，特别是近几年发展较快，目前已经取得了阶段性的进展。通过优化培养条件、逆境处理、基因改良等方法，已经成功获得了上千种高产油藻株。并且发展了以开放式跑道池为主的开放式光合生物反应系统以及以板状和管状为主的封闭式光合生物反应器，进行微藻的规模化培养（图1）。然而，微藻能源产业具有很多不足：藻种方面，产油微藻主要集中在绿藻及硅藻等单胞藻，在规模化培养条件下对环境的适应性不强，表现出敌害污染严重、生长速度较慢、含油量降低、采收困难等问题；大规模培养方面，系统装备投资较大，能耗大（特别是水耗），培养效率较低；在加工技术方面，微藻的采收、油脂以及其他联产物质的提取，生物能源转化等效率低，成本高[5-8]。因此，选育具有工厂化应用特性的高产优质抗逆的藻种，降低规模化培养成本，完善微藻加工技术，是微藻产业中亟待解决的问题。

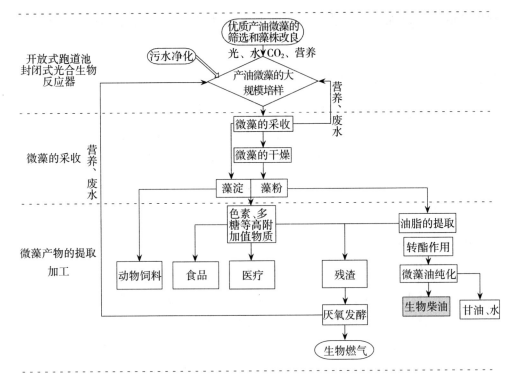

图 1　微藻生物柴油及联产流程

Fig. 1　Process of microalgal biodiesel and co-production

　　高效优质抗逆的产油藻株,是微藻作为生物柴油原料的基础。然而目前为止,微藻的油脂代谢以及联产的高附加值物质的研究大多停留在宏观层面,对于微藻脂质物质的代谢机制尚不够清楚,尚无全面系统实用的理论体系。因此,未来的研究重点应放在厘清微藻脂质代谢机理上。只有对微藻的脂质代谢机理有了全面认识,才能在分子水平对微藻开展藻株改良,实现对微藻脂质代谢的调控,获得高效优质的工业化产油工程藻株。

2　微藻能源产业的转型升级

2.1　微藻产油

　　微藻的脂类物质含量及组成,直接影响着微藻在水产、营养保健、生物能源等领域的应用,是微藻资源高值化利用中的重要评价指标。选育适用于工业化生产的适应性强、生长快、高产油的优质藻株，是实现微藻能源产业化的基础。

2.1.1 优化微藻的培养条件

微藻的产油效率与微藻的生物量和含油量有关。为了获得最高的产油效率，得从生物量和含油量两方面综合考虑对微藻的培养条件进行优化。具体方法有优化培养基成分、光源和光强、培养液 pH、培养温度等，以提供更利于微藻油脂累积的环境（Hallenbeck et al.，2015；Pal et al.，2013；Simionato et al.，2013）。

2.1.2 逆境处理

提高微藻产油效率，一般采用逆境胁迫的方法，主要有氮胁迫、磷胁迫、缺硅、高光处理等，可以短时间提高脂质累积。Yang 等人用氮胁迫和磷胁迫等手段，显著提高了产油硅藻三角褐指藻的油脂含量，并揭示了脂质高水平累积的膜脂重塑机制（Yang et al.，2013；Yang et al.，2014）。在微拟球藻中，通过氮胁迫处理，也提高了藻脂质含量（Li et al.，2014）。但是营养胁迫，会造成微藻的生物量降低、生长速度变慢、工业生产中不好操作等严重问题。因此，可选择培养周期的平台期进行胁迫处理，以达到高生物量和高油脂含量的最佳平衡。

2.1.3 藻株工程改良

由于藻类独特的生存环境，造成其代谢途径及代谢物成分与陆生生物有很大不同，基因组情况复杂，研究困难。对微藻脂类合成的调控机制的认知不足，使得微藻藻株改良研究的进展缓慢。

微藻基因工程改良，是提高产油效率的一种有效手段。基因工程改良的前提就是针对不同藻种，建立其遗传转化体系。充分借鉴高等植物及微生物的脂质代谢研究成果，通过分子生物学与生物信息学手段，对微藻脂质合成途径的关键节点进行调控，构建高产油的工程藻株。

微藻细胞内油脂合成，大致可分为自由脂肪酸和三酰甘油两部分。前者的合成在叶绿体中进行，后者的合成在细胞质中进行，自由脂肪酸合成后，即可转运到细胞质中进行三酰甘油的组装合成。对藻种进行改良，常用手段有基因过表达、RNA 干扰、基因敲除等，需考虑油脂含量与生长速率两个方面。目前，采用过表达脂类代谢关键节点的酶，已获得了微藻脂质含量的有效提升。二酰甘油酰基转移酶（DGAT），是三酰甘油合成途径中的关键酶，过表达三角褐指藻 DGAT 的工程藻株中，中性脂含量提高了 60%，干重达到了 39.7%（Niu et al.，2013）。在莱茵衣藻、斜生栅藻中也体现出重要作用，显著地提高了三酰甘油的合成（Chen et al.，2016a；La Russa et al.，2012）。Xue 等人发现了一种新型的定位于线粒体的苹果酸脱氢酶（malic enzyme），具有很强的促进 NADPH 生成的作用，可提供胞内丰富的还原力，促进脂肪酸的合成。上调表达该酶的工程藻株，生长速率与野生型藻类似；而油体显著增大，中性脂含量提高达 2.5 倍，从干重的 23.3% 提高到突破性的 57%。工程藻株在保持高生物量的同时，获得了高油脂产量（Xue et al.，2015）。

此外，通过降低旁路途径（如三羧酸循环、脂肪酸氧化等）酶的活性，也有助于达到增加油脂产量的目的。可以通过 RNA 干扰和基因敲除等手段，降低脂质旁路途径酶的活性。RNA 干扰往往是通过构建发夹结构来实现的，它会诱发靶 miRNA 的降解。利用 RNA 干扰抑制腺苷酸脱氨酶（AMP deaminase），使得莱茵衣藻的生长速率变快，脂质含量增加 25%（Kotchoni et al.，2016）。下调表达磷酸烯醇式丙酮酸羧化酶基因（PEPC），使得莱茵衣藻的脂质含量提高了 14%~28%（Deng et al.，2011）。敲除三角褐指藻的丙酮酸脱氢酶激酶（PDK），获得了中性脂含量的显著提高（Ma et al.，2014）。

2.1.4 工程藻株构建的新热点

（1）基因组编辑技术

CRISPR/Cas9 基因组定点编辑技术，作为新型的基因组编辑技术，具有成本低廉、技术操作简单、特异性基因识别、高效基因特定位点编辑等优势（Ding et al.，2016）。Cas9 效应物核酸酶能够共定位 RNA、DNA 和蛋白，将蛋白与无核酸酶的 Cas9 融合，并表达适当的 sgRNA，可靶定任何 dsDNA 序列。因此，利用靶点特异性的 RNA，将 Cas9 核酸酶带到基因组上的具体靶点，从而对特定基因位点进行切割导致突变，这为生物体的研究和改良带来巨大潜力。在莱茵衣藻和三角褐指藻中，成功报道了 Cas9 编辑的工程藻株（Nymark et al.，2016；Shin et al.，2016），这对于微藻工程藻株的构建无疑是巨大的突破。

（2）转录因子

转录因子是一类能够同时调控多个基因的蛋白，其在基因表达调控中扮演着"管理员"的角色，因此，我们只需要对一个转录因子进行基因改造，就可以达到同时改造多个基因的效果。因此，对转录因子进行基因工程修饰，是一个改良生物性状的非常简单、高效的手段。在大肠杆菌中，Liu 等人对 FadR 的转录因子进行过表达，结果显示，其脂肪酸含量提高 7.5 倍（Zhang et al.，2012）。在微拟球藻 *Nannochloropsis salina* 中，过表达 bHLH 转录因子，可显著增加脂质的积累（Kang et al.，2015）。在莱茵衣藻中，过表达磷缺乏响应因子 1（PSR1），在不影响生长的情况下，提高了 TAG 和淀粉的积累（Bajhaiya et al.，2016）。

（3）脂肪酸自动分泌的研究

微藻的能源产业是一个新兴产业，微藻的物质组分复杂，油脂只含不到一半，其余为蛋白质、多糖等生物活性物质。因此，微藻的物质加工工艺复杂，且尚未成熟。缺少经济高效的提取脂质的方法，也是微藻能源产业面临的最大的挑战之一（Moheimani et al.，2014）。研究微藻脂肪酸自动分泌的相关基因及调控机理，以促进合成的脂肪酸的自动分泌，将大大降低脂肪酸提取的难度和成本。

2.2 微藻能源联产高附加值物质

实现高附加值微藻产品与微藻能源联合生产，实现一体化。进行"多级联产"，有效地降低成本。

2.2.1 多不饱和脂肪酸

多不饱和脂肪酸不仅可以在水产养殖中作为鱼类、虾和贝类幼苗的主要营养物质，而且对人类的健康也十分有益及必需（Pulz and Gross，2004）。ω-3 脂肪酸 EPA 和 DHA 具有预防动脉粥样硬化的功能，对于心肌梗死以及其他心血管疾病的治疗也有重要作用。该类脂肪酸还是抗炎、抗癌、促进神经系统和视觉系统的发育以及生物体的重要组成成分（Kwak et al.，2012；von Schacky，2006）。从深海鱼类提取获得的多不饱和脂肪酸量，远远不够日益增长的需求。微藻作为多不饱和脂肪酸的初级生产者，可通过多种途径提升其产量，如胁迫作用、培养条件优化、代谢工程等（Chen et al.，2015；Kaye et al.，2015；Peng et al.，2014；Simionato et al.，2013）。目前，通过代谢工程手段对多不饱和脂肪酸的延长酶或去饱和酶的超量表达，使得 EPA、DHA 含量显著提升。微拟球藻中过表达 Δ12 去饱和酶，使存在于中性脂中的多不饱和脂肪酸含量（主要是 LA 和 AA）显著增加（Kaye et al.，2015）。在三角褐指藻中过表达 Δ5 脂肪酸延长酶，提高了磷脂和中性脂中的 DHA 含量（Hamilton et al.，2015）。在三角褐指藻中表达 *Ostreococcus tauri* 的 Δ5 脂肪酸延长酶，使得 EPA 和 DHA 的含量分别提高到占总脂肪酸的 36.5% 和 23.6%；而同时表达 *O. tauri* 的 Δ5 脂肪酸延长酶和 Δ6 脂肪酸去饱和酶，进一步提高了 DHA 的含量（Hamilton et al.，2016；Hamilton et al.，2015；Mary L. Hamilton，2014）。

2.2.2 类胡萝卜素

类胡萝卜素由植物合成，以色素形式存在于自然界。迄今为止，已发现了 600 多种，其中，β-胡萝卜素、α-胡萝卜素、叶黄素、番茄红素、虾青素等被认为是重要的类胡萝卜素。这些类胡萝卜素具有抗氧化、强化免疫系统、预防对抗癌症、预防心脏、血管疾病，促进眼睛健康等重要作用（Gammone et al.，2015）。很多绿藻在逆境下会合成，并且积累类胡萝卜素。绿藻中含有的类胡萝卜素种类繁多，并且不同物种在逆境下以合成某一种或某几种类胡萝卜素为主（Minhas et al.，2016）。例如，淡水绿藻雨生红球藻（*Haematococcus pluvialis*）在多种逆境下，会合成大量的虾青素；盐、海水生的杜氏盐藻（*Dunaliella salina*）在逆境下，则积累 β-胡萝卜素等（Gille et al.，2016）。由于微藻具有合成类胡萝卜素的巨大潜力，需要厘清其合成累积的机理，以大幅度提高类胡萝卜素的产量。对逆境处理等条件下类胡萝卜素含量提升的微藻进行代谢分子机理的深入研究，找出调控类胡萝卜素代谢的关键酶以及调控因子，绘制出微藻类胡萝卜素代谢的网络，从而对类胡萝卜素代谢的调控提供科学依据。

鉴于微藻脂类物质的积累涉及脂类的生物合成及分解代谢，是一个复杂的系统，基于脂类代谢关键节点的调控机制的研究成果，将关键酶基因按一定组合共转化到微藻，或进行基因编辑，以系统化地对合成途径进行优化重构，并利用发现的基因表达调控因子进行调控，进而显著提高脂质水平及组分改良，对微藻生物能源的研发具有重要意义。

3　微藻能源产业的瓶颈及发展趋势

　　尽管目前在微藻能源的研究中已经取得了突破性地进展，但是仍然存在诸多挑战。首先，微藻的代谢机制尚不清楚，优质能源微藻藻株欠缺。高产优质抗逆的能源藻株是微藻能源产业的基础，然而目前的能源藻株大多只是局限于实验室的小规模培养，大规模工业化生产时会出现适应性差、生长慢、优质性能下降等问题（Scaife and Smith，2016）。其次，微藻培养成本较高，能耗、水耗大，急需建立低成本、低能耗、低水耗、高密度、高效率的微藻创新培养方法体系，发展低成本、高效光能、易放大、少维护的微藻培养装备技术，实现微藻连续或半连续的高效培养工艺。最后，微藻的采收、油脂及联产物质的提取加工技术不完善，效率低、消耗大、成本高（Rashid et al.，2014；Wang et al.，2014）。需要不断解决和创新突破以上微藻能源产业中成本高、效率低的瓶颈问题，将微藻能源生产与废水净化、发电、二氧化碳减排等高度耦合，实现废物资源化利用，才能高效推进微藻生物柴油的产业化进程。

参 考 文 献

[1] 蒋霞敏，郑亦周．2003.14 种微藻总脂含量和脂肪酸组成研究［J］．水生生物学报，27，3：243-247.

[2] Bajhaiya，A K，Dean，A P，Zeef，L A H，et al. PSR1 Is a Global Transcriptional Regulator of Phosphorus Deficiency Responses and Carbon Storage Metabolism in *Chlamydomonas reinhardtii*［J］. Plant Physiology，2016，170：1216-1234.

[3] Chen，CY，Chen，YC，Huang，HC，et al. Enhancing the production of eicosapentaenoic acid (EPA) from *Nannochloropsis oceanica* CY2 using innovative photobioreactors with optimal light source arrangements［J］. Bioresource Technol，2015，191：407-413.

[4] Chen，C Y，Kao，A L，Tsai，Z C，et al. Expression of type 2 diacylglycerol acyltransferse gene DGTT1 from *Chlamydomonas reinhardtii* enhances lipid production in Scenedesmus obliquus［J］. Biotechnology Journal，2016a，11.

[5] Chen，H，Xu，Ml，et al. A review on present situation and development of biofuels in China.［J］. J Energy Inst，2016b，89：248-255.

[6] Chisti，Y. Biodiesel from microalgae［J］. Biotechnology Advances，2007，25：294-306.

[7] Deng，X D，Li，et al. The mRNA abundance of pepc2 gene is negatively correlated with oil content in *Chlamydomonas reinhardtii*［J］.Biomass Bioenerg，2011，35：1811-1817.

[8] Ding，Y D，Li，et al. Recent Advances in Genome Editing Using CRISPR/Cas9. Frontiers in Plant Science，2016，7.

[9] Gammone，M A，Riccioni，G，and D'Orazio，N. Marine Carotenoids against Oxidative Stress：Effects on Human Health［J］. Marine Drugs，2015，13：6226-6246.

[10] Gille，A，Trautmann，A，Posten，C Bioaccessibility of carotenoids from *Chlorella vulgaris* and *Chlamydomonas reinhardtii*［J］. Int J Food Sci Nutr，2016，67：507-513.

[11] Hallenbeck，P C，Grogger，M，Mraz，M，The use of Design of Experiments and Response Surface Methodology to optimize biomass and lipid production by the oleaginous marine green alga，*Nannochloropsis gaditana* in response to light intensity，inoculum size and CO_2［J］. Bioresource Technol，2015，184：161-168.

[12] Hamilton，M L，Powers，S，Napier，J A，et al. Heterotrophic production of omega-3

long-chain polyunsaturated fatty acids by trophically converted marine diatom *Phaeodactylum tricornutum* [J]. Marine Drugs, 2016, 14.

[13] Hamilton, M L, Warwick, J, Terry, A, et al. Towards the industrial production of omega-3 Long chain polyunsaturated fatty acids from a genetically modified diatom *Phaeodactylum tricornutum* [J]. Plos One, 2015, 10.

[14] Kang, N K, Jeon, S, Kwon, S, et al. Effects of overexpression of a bHLH transcription factor on biomass and lipid production in *Nannochloropsis salina* [J]. Biotechnology for biofuels, 2015, 8.

[15] Kaye, Y, Grundman, O, Leu, S, et al. Metabolic engineering toward enhanced LC-PUFA biosynthesis in *Nannochloropsis oceanica*: Overexpression of endogenous Delta 12 desaturase driven by stress-inducible promoter leads to enhanced deposition of polyunsaturated fatty acids in TAG [J]. Algal Res, 2015, 11: 387-398.

[16] Kotchoni, S O, Gachomo, E W, Slobodenko, K, AMP deaminase suppression increases biomass, cold tolerance and oil content in green algae [J]. Algal Res, 2016, 16: 473-480.

[17] Kwak, S M, Myung, S-K, Lee, Y J, et al. Efficacy of omega-3 fatty acid supplements (eicosapentaenoic acid and docosahexaenoic acid) in the secondary prevention of cardiovascular disease a meta-analysis of randomized, double-blind, placebo-controlled trials [J]. Archives of Internal Medicine, 2012, 172: 686-694.

[18] La Russa, M, Bogen, C, Uhmeyer, A, et al. Functional analysis of three type-2 DGAT homologue genes for triacylglycerol production in the green microalga *Chlamydomonas reinhardtii* [J]. Journal of Biotechnology, 2012, 162: 13-20.

[19] Li, J, Han, D X, Wang, D M, et al. Choreography of transcriptomes and lipidomes of nannochloropsis reveals the mechanisms of oil synthesis in microalgae [J]. Plant Cell, 2014, 26: 1645-1665.

[20] Ma, Y H, Wang, X, Niu, Y F, et al. Antisense knockdown of pyruvate dehydrogenase kinase promotes the neutral lipid accumulation in the diatom *Phaeodactylum tricornutum* [J]. Microbial cell factories, 2014, 13: 100.

[21] Mary L Hamilton, R P H, Johnathan A et al. Metabolic engineering of *Phaeodactylum tricornutum* for the enhanced accumulation of omega-3 long chain polyunsaturated fatty acids [J]. Metabolic engineering, 2014, 22: 3-9.

[22] Mata, T M, Martins, A A, and Caetano, N S. Microalgae for biodiesel production and other applications: A review [J]. Renew Sust Energ Rev, 2010, 14: 217-232.

[23] Minhas, A K, Hodgson, P, Barrow, C J, et al. A review on the assessment of

stress conditions for simultaneous production of microalgal lipids and carotenoids [J]. Frontiers in Microbiology，2016，7.

[24] Moheimani，N R，Matsuura，H，Watanabe，M M，et al. Non-destructive hydrocarbon extraction from *Botryococcus braunii* BOT-22 (race B) [J]. J Appl Phycol，2014，26：1453-1463.

[25] Niu，Y F，Zhang，M H，Li，D W，et al. Improvement of neutral lipid and polyunsaturated fatty acid biosynthesis by overexpressing a type 2 diacylglycerol acyltransferase in marine diatom *Phaeodactylum tricornutum* [J]. Marine drugs，2013，11：4558-4569.

[26] Nymark，M，Sharma，A K，Sparstad，T，et al. A CRISPR/Cas9 system adapted for gene editing in marine algae [J]. Sci Rep-Uk，2016，6.

[27] Pal，D，Khozin-Goldberg，I，Didi-Cohen，S，et al. Growth，lipid production and metabolic adjustments in the euryhaline eustigmatophyte *Nannochloropsis oceanica* CCALA 804 in response to osmotic downshift [J]. Applied Microbiology and Biotechnology，2013，97：8291-8306.

[28] Peng，K T，Zheng，C N，Xue，J，et al. Delta 5 fatty acid desaturase upregulates the synthesis of polyunsaturated fatty acids in the marine diatom *Phaeodactylum tricornutum* [J]. J Agric Food Chem，2014，62：8773-8776.

[29] Pulz，O，and Gross，W. Valuable products from biotechnology of microalgae [J]. Applied Microbiology and Biotechnology，2004，65：635-648.

[30] Rashid，N，Rehman，M S U，Sadiq，M，et al. Current status，issues and developments in microalgae derived biodiesel production [J]. Renew Sust Energ Rev，2014，40：760-778.

[31] Scaife，M A，and Smith，A G. Towards developing algal synthetic biology [J]. Biochemical Society Transactions，2016，44：716-722.

[32] Shin，S E，Lim，J M，Koh，H G，et al. CRISPR/Cas9-induced knockout and knock-in mutations in *Chlamydomonas reinhardtii* [J]. Sci Rep-Uk，2016，6.

[33] Simionato，D.，Basso，S.，Giacometti，G. M.，et al. Optimization of light use efficiency for biofuel production in algae [J]. Biophysical Chemistry，2013，182：71-78.

[34] Vieler，A，Wu，G，Tsai，C H，C J. et al. Genome，functional gene annotation，and nuclear transformation of the heterokont oleaginous alga *Nannochloropsis oceanica* CCMP1779 [J]. PLoS genetics，2012，8.

[35] von Schacky，C. A review of omega-3 ethyl esters for cardiovascular prevention and treatment of increased blood triglyceride levels [J]. Vascular health and risk management，2006，2：251-262.

[36] Wang，J，Yang，H，and Wang，F. Mixotrophic cultivation of microalgae for biodiesel production：status and prospects [J]. Applied Biochemistry and Biotechnology，2014，172：3307-3329.

[37] Xue，J，Niu，Y F，Huang，T，et al. Genetic improvement of the microalga *Phaeodactylum tricornutum* for boosting neutral lipid accumulation [J]. Metabolic engineering，2015，27：1-9.

[38] Yang，Z K，Ma，Y H，Zheng，J W，et al. Proteomics to reveal metabolic network shifts towards lipid accumulation following nitrogen deprivation in the diatom *Phaeodactylum tricornutum* [J]. J Appl Phycol. 2013.

[39] Yee，W. Microalgae from the Selenastraceae as emerging candidates for biodiesel production：a mini review [J]. World J Microb Biot，2016，32.

[40] Zhang，F，Ouellet，M，Batth，T S，et al. Enhancing fatty acid production by the expression of the regulatory transcription factor FadR [J] . Metabolic engineering，2012，14：653-660.

[41] Zhi-Kai Yang，J W Z，Ying-Fang Niu，et al. Systems-level analysis of the metabolic responses of the diatom *Phaeodactylum tricornutum* to phosphorus stress [J]. Environmental Microbiology，2014，16：1793-1807.

真核微藻基因工程研究进展及展望

崔玉琳[1]　秦　松[1*]

1　中国科学院烟台海岸带研究所海岸带生物学与生物资源
利用重点实验室，266073，烟台，中国

摘　要：真核微藻是显微镜下才能辨别其形态的微小的藻类类群，种类繁多，应用广泛。近年来，真核微藻基因工程研究进展迅速，应用前景良好。本文从真核微藻的细胞核、叶绿体及线粒体三套遗传物质出发，系统介绍微藻基因工程研究进展，并对真核微藻基因工程研究中的难点和未来发展方向进行了讨论。

关键词：真核微藻；基因工程；细胞核；叶绿体；线粒体

Advances and prospects in the research of eukaryotic microalgal genetic engineering

Yunlin Cui[1]，Song Qin[1*]

1　Key Laboratory of Coastal Biology and Biological Resource Utilization，
Yantai Institute of Coastal Zone Research，Chinese Academy of
Sciences，Yantai 264003，Shandong，China

Abstract：Eukaryotic microalgae are a main cluster of photosynthetic species with three kinds genetic information in nuclear，chloroplast and mitochondria. These years，the researches on microalgae achieved great results and genetic en-

＊ 通讯作者

gineering developed rapidly and had broad application prospects. Here this paper documents the advances and prospects in eukaryotic microalgae genetic engineering on these three genomes, and the key characters such as main transformation methods, selection strategy and stable inheritance.

Key words: eukaryotic microalgae; genetic engineering; nuclear; chloroplast; mitochondrion

作者简介：秦松，男，研究员，中国藻业协会微藻分会会长，E-mail：sqin @ yic. ac. cn；崔玉琳，助理研究员，E-mail：yulincui @ yic. ac. cn

0 前言

真核微藻是显微镜下才能辨别其形态的微小的藻类类群，种类繁多，包含绿藻、红藻、硅藻等。除蓝藻外的经济微藻都是真核微藻，它们营养物质丰富，是海水养殖中必不可少的饵料；有的藻种（雨生红球藻等）含有高附加值代谢产物（虾青素等），有很好的应用前景；有一些藻种（小球藻等）在生物能源方面也有巨大的发展潜力。

与其他的真核生物相比，真核微藻基因工程具有一定的优势。大部分真核微藻是单细胞个体，结构简单，易于进行基因工程操作；另外，大部分的真核微藻尤其是经济微藻其生长速度快，易于培养，能够在较短时间内筛选获得基因工程突变株。

真核微藻基因工程研究起步较晚，起始于 20 世纪 80 年代。真核微藻与高等植物在进化上存在近缘关系，真核微藻细胞结构与高等植物相似，在基因工程技术手段上也借鉴了高等植物遗传转化的经验。但是真核微藻与高等植物之间、不同的藻种之间存在着差异，不同藻种的遗传转化系统研究需结合自身的特点。目前真核微藻中，基因工程研究最完备的藻种是单细胞绿藻莱茵衣藻。在真核微藻的研究和应用中，缺乏基因工程工具是一个普遍存在的难题。

近 20 年来，随着基因工程技术手段的不断进步，真核微藻基因工程也获得了巨大的发展。从细胞核、叶绿体及线粒体三套遗传物质出发，介绍真核微藻基因工程研究进展。

1 真核微藻细胞核遗传转化研究

细胞核基因组是细胞生存所必须的遗传物质，决定细胞结构组成、生长、代谢、繁殖等各个方面，是基因工程研究的主要操作对象。

真核微藻细胞核的遗传改造，主要是通过随机突变的方式实现，目前仅在莱茵衣藻中，实现外源基因的定向整合，且整合的效率很低。当前基因编辑技术发展迅速，为真核微藻基因工程获得突破性发展提供了契机。以下，从载体元件、转化手段、稳定遗传三个方面详细介绍。

1.1 载体元件

基因工程载体是携带外源基因导入到受体细胞的中间介质，是基因工程的关键所在，是影响外源基因表达稳定性和表达效率的重要因素。真核微藻中应用的主要载体是质粒，其中，包含了外源基因的表达框、报告基因或筛选标记基因的表达框。在质粒上，影响外源基因或报告基因等表达效率的，包括启动子等调控元件，及外源基因是否宿主细胞的密码子偏爱性相匹配等。

由于基因组信息较少，真核微藻基因工程研究的初期多使用高等植物中使用的通用型启动子，其中，应用最广泛的是 CaMV35S 启动子、SV40 启动子、NOS 启动子、Ubiqutin 启动子等（表 1）。

随着研究的深入和基因组信息的增多，发现了多个藻类的内源性启动子。Stevens 等将莱茵衣藻内源 *RbcS2* 基因 5' 上游序列与 *ble* 基因（腐草霉素类抗性基因）融合，成功获得腐草霉素抗性突变藻株；三角褐指藻内源性 *fcp* 基因启动子，不仅在三角褐指藻基因工程应用中表现很高的调控效率，在小球藻等藻种中也能启动外源基因的表达。

已有研究表明，与通用型启动子相比，内源性启动子通常能表现出更高的调控效率，外源基因表达量增加。这可能是因为内源性启动子在宿主细胞中更易识别。

表1　真核微藻核转化系统中的启动子

Tab. 1　Promoters in nuclear transformation system of eukaryotic microalgae

启动子	来源	受体藻种	参考文献
Nos promoter	根瘤农杆菌	衣藻、前沟藻、甲藻	Hall et al., 1993；Lohuis & Miller, 1998
CaMV35S promoter	花椰菜花叶病毒	衣藻、盐藻、小球藻、前沟藻、甲藻、雨生红球藻	Day et al., 1990；Lohuis & Miller, 1998 Jarvis & Brown, 1991；Hawkins & Nakamura, 1999；Kathiresan et al., 2009
SV40 promoter	猴病毒	衣藻、小球藻、雨生红球藻	Butanaev, 1994 Ladygin, 2003 Teng et al., 2002
Ubiquitin promoter	玉米	盐藻、小球藻	Geng et al., 2004 Chen et al., 2001
CMV	巨细胞病毒	亚心型扁藻	Cui et al., 2010
fcp promoter	三角褐指藻	三角褐指藻	Apt et al., 1996；Falciatore et al., 1999；Zaslavskaia et al., 2000
RbcS promoter	莱茵衣藻	衣藻、小球藻	Stevens et al., 1996；Hawkins & Nakamura, 1999
Nit1 promoter	莱茵衣藻	衣藻	Liamas et al., 2002
Hsp70B promoter	莱茵衣藻	衣藻	Schroda et al., 2000
Hsp70A promoter	莱茵衣藻	衣藻	Schroda et al., 2000
PsaD promoter	莱茵衣藻	衣藻	Fisher & Rochaix, 2001
cop promoter	莱茵衣藻	衣藻	Fuhrmann, 1999
β2-Tubulin promoter	莱茵衣藻	衣藻	Shimogawara, 1998
Acc1 promoter	莱茵衣藻	衣藻	
P1'2' promoter	莱茵衣藻	衣藻、前沟藻、甲藻	Lohuis & Miller, 1998
CabII-1 promoter	莱茵衣藻	衣藻、前沟藻、甲藻	Lohuis & Miller, 1998
β-carotene ketolase promoter	雨生红球藻	雨生红球藻	Meng et al., 2005
a *Chlorella* Virus promoter	a *Chlorella* Virus	小球藻	Hawkins & Nakamura, 1999

　　将突变藻株从大量的藻细胞中筛选出来，是基因工程的关键步骤。在载体中使用报告基因或筛选标记基因，是实现有效筛选的重要前提。

　　真核微藻基因工程常用的报告基因，包括β-半乳糖苷酶基因（β-gal）、β-

葡萄糖苷酸酶（β-GUS）、荧光素酶基因（*luc*）和绿色荧光蛋白基因（*gfp*）等。随着技术和检测方法的进步，荧光分析以其能够将细胞内报告基因的活性可视化和对细胞的非破坏性检测而受到重视，*luc* 和 *gfp* 两种可发出荧光的报告基因得到了越来越广泛的应用。但是由于真核微藻细胞中含有叶绿素等能发出次生荧光的色素，这些色素的次生荧光与绿色荧光蛋白的 LUC 荧光融合，从而对荧光的检测形成干扰。如在绿藻细胞中表达绿色荧光蛋白，在蓝光（460~530nm）激发下叶绿素发出红色荧光（580~630nm），绿色荧光蛋白发出绿色荧光。两种荧光叠加后，呈现出明亮的黄绿色荧光。但是这与叶绿素降解过程中发出的淡黄绿色荧光相近，即使利用激光共聚焦显微镜检测或流式细胞仪筛选也难以彻底区分。

真核微藻基因工程表达载体所携带的选择标记基因主要包括三大类：第一类是能使突变藻株回复成野生型的互补基因；第二类是产生对抑制剂抗性的内源（显性）突变基因；第三类是编码对抗生素或除草剂抗性蛋白的外源基因，可作为标记基因。其中，筛选效率最高、应用最广泛的是第三类。秦松课题组通过微藻对抗生素及除草剂的敏感性实验发现，雨生红球藻、小球藻、三角褐指藻等常见微藻对很多抗生素不敏感，而对除草剂非常敏感。这些结果表明，微藻基因工程研究中，可以将除草剂作为一种通用的筛选标记。而外源的筛选标记基因在突变株基因组上，经常会出现移位、敲除等现象，突变株在长期传代培养中会丧失抗性。陈丰等在小球藻中发现虾青素合成关键酶八氢番茄红素脱氢酶发生定点突变后（L516F），对农药达草灭（norflurazon）抗性提高 31 倍，并且不影响该酶的活性。这在莱茵衣藻和小球藻的基因工程研究中得到应用，这些工作为发掘内源性筛选标价提供了线索。

随着基因编辑技术的迅猛发展，CRISPR/cas9 基因编辑技术也已经在微藻中成功应用。三角褐指藻、莱茵衣藻均有成功的报道，这一技术为实现定向操作目标基因提供了方法学基础。

除了报告基因和筛选标记基因，目前在真核微藻中实现稳定表达的外源基因，大部分是具有抗菌等活性的小肽。真核微藻研究中，最早发现的密码子偏爱性来自莱茵衣藻，该藻基因编码区 GC 含量极高，约为 61%（Jarvis et al.，1992）；而后来发现，硅藻中编码区的 GC 含量约为 48%，与大部分真核细胞中 GC 含量相似，但是其第三位密码子偏爱于使用 G 或 C（Maheswari et al.，2005；Scala et al.，2002）。莱茵衣藻中表达 *AphVIII*、*NptII*

和 *Ble* 等与其内源密码子偏爱性相似的基因，其表达效率很高；而与莱茵衣藻密码子偏爱性有较大差别的基因（*gfp* 和 *luc*）表达量很低或几乎没有表达；但是与 *NptII* 基因密码子使用偏爱性相似的 *gus* 基因表达量很低。这在一定程度上说明，外源基因的表达与编码区的密码子偏爱性存在一定的关系，但密码子偏爱性并不是唯一的因素，外源基因的表达还与很多其他的因素相关（Leon-Banares et al.，2004）。

由于细胞核是真核表达系统，其染色体上的基因存在内含子的结构。外源基因中内含子的结构，对于基因的表达效率有一定的影响。插入内含子后，*Ble* 和 *AphVIII* 在莱茵衣藻中表达量明显提高（Lumbreras et al.，1998）。

1.2 转化方法

真核微藻基因工程研究中使用了多种方法，不同的藻种鉴于不同的细胞结构特点适用于不同的转化方法。常用的方法包括基因枪转化法、电击转化法、PEG 介导法、珠磨法、农杆菌介导法、病毒介导法等。基因枪转化法是应用最普遍的一种方法，成功应用于众多藻种的基因工程研究，包括不含细胞壁结构的盐藻、莱茵衣藻缺陷型、亚心型四片藻、雨生红球藻、小球藻，以及细胞壁外有硅质外壳的硅藻等。但该方法操作复杂，耗材等也较昂贵，对细胞的损伤较大。电击转化法最初仅用于不含细胞壁结构的原生体，随着技术的进步，尤其是 BTX 公司的 ECM830 型方波电穿孔系统和日本 NEPA GENE 公司的电击转化仪 NEPA21，对含细胞壁结构的藻种也能获得较高的转化效率，NEPA21 甚至将外源基因导入到三角褐指藻中。PEG 介导法和珠磨法应用范围也受制于微藻细胞壁结构，但是经过酶解处理的藻细胞利用 PEG 介导法和珠磨法进行基因工程操作，也能获得较高的效率。这两种方法最大的优点在于不需要特殊的设备，操作简便。农杆菌介导法和病毒介导法在微藻基因工程研究中的应用较少，仅在雨生红球藻等少数几个藻种中有报道。

1.3 转基因藻株的遗传稳定性

基因工程获得阳性转基因藻株，如果去掉筛选压力，外源基因表达很容易降低甚至完全消失，这种基因沉默现象与表观遗传机制有关（Leon-Banares et al.，2004)。这种机制在基因的转录或转录后加工阶段降低基因的表达，可能与启动子区的胞嘧啶碱基甲基化或者 RNAi 有关。定期筛选和保种是保证转基因藻株稳定遗传的常用方法。

2　真核微藻叶绿体基因工程研究

与高等植物相似，真核微藻叶绿体表达系统相较于细胞核转化系统，具有定向突变、高效表达外源基因、大量积累外源蛋白等优点。Boynton 首次采用基因枪法成功地转化莱茵衣藻叶绿体。目前，已经建立叶绿体基因工程微藻仅有莱茵衣藻、亚心型四爿藻、紫球藻等少数几个藻种。

叶绿体基因工程多采用同源重组的原理，因此，表达载体含有 1 条或者 2 条同源壁。同源壁的选择，需要以外源基因的插入不影响叶绿体及整个细胞的功能为前提。目前，常用的同源臂有 trnA/trnI、rbcL/accD、petA/psbJ 等。在莱茵衣藻中发现控制叶绿素合成的光非依赖性原叶绿素酸酯还原酶 L 基因 (chlL)，可以作为同源插入位点。

叶绿体基因工程中使用的报告基因与核转化类似。但是在检测过程中，为了确定报告基因是在叶绿体中表达，一般要通过基因共聚焦显微镜等手段确定是否与叶绿体共定位。

由于叶绿体的结构和遗传特点，叶绿体基因组转化系统中选择标记基因与核转化中所用的选择标记基因有明显的不同。叶绿体基因的表达产物在叶绿体中发挥功能，因此，抗性基因的产物仅能在叶绿体内部起作用。所以一般使用相应筛选压力靶点在叶绿体中的选择标记基因，如氨基糖苷-3'-腺苷酸转移酶基因 (aadA)。aadA 基因是叶绿体转化中最常用的选择标记基因，它编码氨基糖苷-3'-腺苷酸转移酶，具有壮观霉素和链霉素抗性。其中，壮观霉素作用于叶绿体的 70S 核糖体小亚基，抑制叶绿体内的蛋白质合成。氨基糖苷-3'-腺苷酸转移酶将壮观霉素腺苷酸化，失去毒性作用。Goldschmidt-Clermont (1991) 首次用 aadA 基因转化衣藻叶绿体，获得的衣藻转化子具有对壮观霉素链霉素的抗性。

真核微藻细胞中有 1 个或多个叶绿体，其中，含有多个叶绿体基因组。叶绿体基因组是原核性质。在筛选过程中存在藻细胞难以同质化的问题，即突变的藻细胞中，有的叶绿体基因组已经突变，有的没有。不同细胞中突变的叶绿体基因组比例也不一样，这需要很长的筛选过程中实现同质化。

3 真核微藻线粒体转化系统

真核微藻的线粒体基因组 DNA 中，闭合的双链环状和线性结构均有发现（Eriksson et al.，1995；Kessler & Zetsche，1995）。线粒体 DNA 仅编码线粒体结构 RNA（rRNA，tRNA）和部分呼吸功能的线粒体蛋白质，绝大多数线粒体蛋白依赖于细胞核 DNA 编码。

线粒体遗传转化系统与叶绿体转化系统相似，具有同源整合和大量积累外源蛋白等特点。现在线粒体遗传转化所采用的最简便有效的方法是基因枪轰击法，但这种方法仅在酵母（Fox et al.，1988）和莱茵衣藻线粒体（Randolph-Anderson et al.，1993）转化中实现。另一种常用的方法是利用信号肽作用，将外源基因与线粒体信号肽相连，从而导入离体线粒体中。

目前，真核微藻中线粒体遗传转化的研究还很少，只有莱茵衣藻建立了线粒体遗传转化系统。

4 展望

真核微藻基因工程经过几十年的发展，已取得较大的成就。但是目前在微藻基础研究及高附加值产品开发方面，尚未有广泛应用。这与大部分微藻的转基因效率都比较低有重要关系。如前所述，微藻基因工程所用的转化方法，均借鉴高等植物研究的经验，在应用中，对于大于 10Kb 的载体其导入效率都很低。正因如此，早期的第一代和第二代基因编辑技术如（TALENT）均因载体过大（大于 10K）而难以在微藻中应用。而对于 cas9 技术已经成功应用于莱茵衣藻和三角褐指藻，均使用了双载体系统，避免载体过大。但是双载体系统的问题是筛选周期长，假阳性率高。

真核微藻种类繁多应用价值广泛，其基因工程研究作为基因研究的平台和必要的技术手段，任重道远。同时，基因工程藻株作为生物反应器的应用也已逐步开始。目前，小球藻等表达兔防御素等功能性小肽、突变性藻株已作为生物反应器开始应用。随着组学技术以及基因编辑技术的发展，藻类分子遗传学及基因工程将获得突破。

参 考 文 献

〔1〕 Boynton, J E, Gillham, N W, Harris, E H, et al. 1988. Chloroplast transformation in *Chlamydomonas* with high velocity microprojectiles 〔J〕. Science, 240, 1534.

〔2〕 Debuchy, R, Purton, S, and Rochaix, J. 1989. The argininosuccinate lyase gene of *Chlamydomonas reinhardtii*: an important tool for nuclear transformation and for correlating the genetic and molecular maps of theARG7 locus. EMBO J, 8, 2803.

〔3〕 Randolph-Anderson, B L, Boynton, J E, Gillham, N W, et al. 1993. Further characterization of the respiratory deficient dum-1 mutation of *Chlamydomonas reinhardtii* and its use as a recipient for mitochondrial transformation 〔J〕. Mol Gene Genet, 236: 235-244.

〔4〕 Fernandez, E, Schnell, R, Ranum, L, et al. 1989. Isolation and characterization of the nitrate reductase structural gene of *Chlamydomonas reinhardtii* 〔J〕. PNAS, 86: 6449.

〔5〕 Leon-Banares, R, Gonzalez-Ballester, D, Galvan, A, et al. 2004. Transgenic microalgae as green cell-factories 〔J〕. Trends Biotechnol, 22: 45-52.

〔6〕 Hall, L M, Taylor, K B, and Jones, D D. 1993. Expression of a foreign gene in *Chlamydomonas reinhardtii* 〔J〕. Gene, 124: 75-81.

〔7〕 Lohuis, M R, Miller, D J 1998. Genetic transformation of dinoflagellates (Amphidinium andSymbiodinium): expression of GUS in microalgae using heterologous promoter constructs 〔J〕. The Plant J, 13: 427-435.

〔8〕 Day, A, Debuchy, R, Dillewijn, J, et al. 1990. Studies on the maintenance and expression of cloned DNA fragments in the nuclear genome of the green alga *Chlamydomonas reinhardtii* 〔J〕. Physiol Plantarum, 78: 254-260.

〔9〕 Jarvis, E E, and Brown, L M. 1991. Transient expression of firefly luciferase in protoplasts of the green alga *Chlorella ellipsoidea* 〔J〕. Curr Genet, 19: 317-321.

〔10〕 Jarvis, E E, Dunahay, T G, and Brown, L M. 1992. DNA nucleoside composition and methylation in several species of microalgael 〔J〕. J Phycol, 28: 356-362.

〔11〕 Hawkins, R L, and Nakamura, M. 1999. Expression of human growth hormone by the eukaryotic alga, *Chlorella* 〔J〕. Curr Microbiol, 38: 335-341.

〔12〕 Kathiresan, S, Chandrashekar, A, Ravishankar, G, et al. Agrobacterium-mediated transformation in the green alga *Haematococcus pluvialis* (Chlorophyceae，Volvocales) [J]. J Phycol，2009，45：642-649.

[13] Butanaev，A M. Hygromycin phosphotransferase gene as a dominant selective marker for transformation of Chlamydomonas reinhardtii [J]. Mol Biol，1994，28：682-686.

[14] Ladygin，V G. Efficient transformation of mutant cells of *Chlamydomonas reinhardtiiby* electroporation [J]. Process Biochem，2004，39：1685-1691.

[15] Teng，C Y，Qin，S，Liu，J G，et al. Transient expression of lacZ in bombarded unicellular green alga*Haematococcus pluvialis* [J]. J Appl Phycol，2002，14：497-500.

[16] Geng，D G，Han，Y，Wang，Y Q，et al. Construction of a system for the stable expression of foreign genes in *Dunaliella salina* [J]. Acta Bot Sin，2004，46：342-346.

[17] Chen，Y，Wang，Y Q，Sun，Y R，et al. Highly efficient expression of rabbit neutrophil peptide gene in *Chlorella ellipsoideacells* [J]. Curr Genet，2001，39：365-370.

混水区坛紫菜新品种选育与高效栽培推广

骆其君[1]　陈海敏[2]　杨锐[1]　严小军[1]

1　浙江省海洋生物工程重点实验室，浙江，宁波，315211；
2　李达三海洋生物医药研究中心，浙江，宁波，315211

摘　要： 为适应环境需求，重新定位并提升浙江省优势紫菜产业，在四个方面开展研究，并形成品种创新、技术创新、设施创新和模式创新。围绕育种、栽培、设备，形成良种的抗逆适应机制→选育筛选技术→健康栽培技术→高效栽培技术及设施→良种与技术的示范与北移推广→紫菜信息化平台建设为一体的总体技术思路。成功获得适于混水区栽培的新品种"浙东1号"，并实现全面推广。

关键词： 坛紫菜；新品种；育种；混水区；栽培

Selective Breeding and high efficiency cultivation and promotion of new varieties of Pyropia haitanensis in turbid mixing region of the East China Sea

Qijun Luo[1] , Haimin Chen[2] , Rui Yang[1] , Xiaojun Yan[1]

1　Key Laboratory of Marine Biotechnology of Zhejiang Province，Ningbo University，Ningbo，Zhejiang 315211，China

2　Li Dak Sum Yip Yio Chin Kenneth Li Marine Biopharmaceutical Research Center，Ningbo University，Ningbo，Zhejiang 315211，China

Abstract： To adapt the requirement of environment，and relocate and promote the industrialization development of Pyropia haitanensis in Zhejiang Province， we carried out the research on four aspects, and achieved some innovation: variety innovation, technique innovation, equipment and cultural mode innovation. Focused on the beeding, aquaculture, equipment, to form the overall system of the anti-stress mechanism→breeding screening techniques→healthful aquaculture techniques→high efficient culture techniques and equipments→northward popularization of fine breed and techniques→construction of information platform. Successfully acquired the new breed of "Zhedong-1", which is suitable to grow in the mix water area, and popularized this breed.

Keywords: Pyropia haitanensis; new varieties; breeding; mixing region; cultivation

作者简介：骆其君，男，1965 年出生，教授，浙江宁波人，E-mail：luoqijun@nbu. edu. cn，电话：0574-87600551

藻类在海洋农业中的地位举足轻重，不仅是优质食品、药物新资源的代表，也是海洋环境和生态的正向调控者[1]。江苏、浙江、福建三省所在的东部沿海，是我国重要的海洋农业资源的蓝色粮仓所在地。丰富海洋藻类资源的可持续利用是与沿海环境密切相关的，东部沿海出现的几大环境需求对藻类栽培提出了新的要求：①全球环境变暖的大背景下，海洋生物资源出现了生长地域的北移现象[2,3]，栽培品种、栽培目的和结构随之要改变。栽培品种的北移，出现了环境适应变化的问题；环境适应的新品种选育问题；以及为了有效结合各地的环境变化特征，所需进行的栽培和育苗的地域转移和轮养模式革新问题。②东部沿海滩涂面积广阔，沿岸人类活动、海洋动物养殖密集，因此，为适应沿岸海区繁忙的环境需求，要形成远近兼顾的宽度养殖，养殖区域向深处发展，为藻类栽培争取新的海域。③东部沿海环境富营养化污染严重，来自于海水动物的养殖污染、人类活动的排放污染、工业化进程产生的污染等。藻类肩负了两个任务：一方面环境清洁工的作用，通过海洋牧场建设，减轻污染；另一方面自身要实现对污染环境的适应，增强病害防控能力，形成健康栽培模式。

紫菜是我国东部沿海广为栽培的藻类，自 20 世纪 90 年代紫菜实现栽培攻关后，成为东部沿海主要的海水栽培藻类之一[4]。条斑紫菜每年可为江苏省提供 22 亿元的产值[5]，浙江和福建的坛紫菜栽培占全国的 49% [6]。至 2012 年，浙江省栽培面积已达 6 000hm²，年产量 2 万余吨，已成为浙江海藻栽培的支柱产业。但在紫菜推广的 40 年间，也面临大量问题，其中，很多问题恰恰来源于环境因素。一是浙闽海域，海水混浊，水中含有大量的沙质颗粒，在风浪作用下，对栽培紫菜易造成机械损伤；二是气候、水温变化，外加种质退化、抗病能力弱化，造成连年的病烂发生，缺少健康栽培新技术；三是海区栽培面积缩小，传统的滩涂半浮动筏式栽培，限制了坛紫菜的健康发展。

为提升和发展坛紫菜优势产业，解决坛紫菜育种栽培的关键技术，我们有地域针对性的开展坛紫菜的良种选育和健康栽培技术与示范，围绕育种→栽培→生态调控的模式，培育和推广优质高产品种；规范和推广健康、生态的栽培模式；革新栽培设施。为坛紫菜产业发展和提升提供示范和技术支撑。

1 总体研究体系

根据混水区坛紫菜应具备的形态和生理特征，浙东地区气候和生态环境对坛紫菜适应性的要求，以及坛紫菜规模化、合理栽培的设施需要，提出了系统的、分层次的基于地域适应特征的抗逆、高产坛紫菜选育筛选技术→良种的抗逆适应机制→高效栽培技术及设施→健康栽培技术及产品开发→良种与技术的示范与推广→坛紫菜信息化平台建设为一体的总体技术思路。即首先抓住坛紫菜适应混水区的形态生理特征，突破野生藻的高度杂交导致的基因杂合问题，建立有效的体细胞工程育种技术，获得亲本纯系；在良种筛选标志阶段，创新性地提出红藻糖苷作为良种化学选育标志的论点，结合分子和形态选育标志，提出系统的选育标准；针对浙东地区坛紫菜栽培的海区特点，完善和推广坛紫菜的插杆栽培技术和全浮流栽培技术，开发相关设施；针对栽培中的杂藻生长，开发差异渗透技术、干出与冷藏网技术；针对海藻栽培的无农药绿色栽培局面，开发适应于坛紫菜栽培特征的琼胶寡糖激发子技术；全面解析坛紫菜抗高温、干出、病原菌的抗逆机制，从基因、代谢、生化多层面提出系统的坛紫菜健康栽培的分子化学理论机制；整合坛紫菜种质库保存体系、健康栽培和病害防控体系、溯源信息体系，建立信息化网络平台（图 1）。最后集成新品种、栽培技术和设施，开展坛紫菜的大范围示范推广。

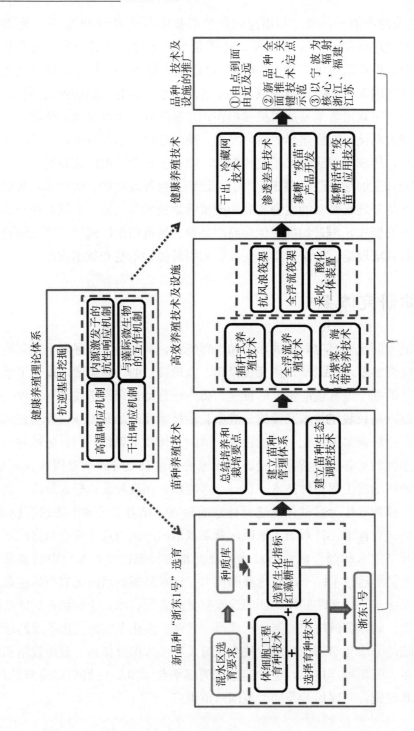

图1　信息化网络平台

Fig.1　Platform of information network

2 研究结果

2.1 选育混水区坛紫菜新品种"浙东1号"

针对浙江海域和福建北部海域海水混浊，水中含有大量的沙质颗粒，在风浪作用下，对海区栽培的藻类造成机械损伤等特点，提出藻体长/宽值小、叶片厚、皱褶多、基部发达、色素含量高、生长快的坛紫菜新品系的选育新要求。

2.1.1 坛紫菜细胞工程育种和连续选优育种技术

选择以单细胞克隆为起点的体细胞工程育种与选择育种相结合的策略，通过采集明显具备混水区适应特征野生坛紫菜样本，通过纯系制备和快速育种，获得纯系丝状体，通过常规扩繁，完成完整的生活史。随后，开发了以人工选育为核心的"坛紫菜连续选优育种法"，通过连续四轮"选优——单细胞克隆系丝状体制备"的循环，不断强化与固定品系对栽培环境和栽培方式的适应性，获得稳定的坛紫菜品系"浙东1号"[7]，并获得甄别"浙东1号"的SCAR标记。

2.1.2 "浙东1号"的选育效果

经选育后的"浙东1号"，在三水后的藻体叶片长/宽值显著低于当地传统栽培种，叶片厚，适合混水区栽培。壳孢子放散量大，有明显放散高峰，较当地传统栽培种提前1d，且同步性高，采苗期短。壳孢子苗见苗时间短，生长速度较快，收菜提前6~8d。早期产量较高，全年产量比当地传统栽培种提高15%~26%。基部发达，附着牢固，适于机械化采收。"浙东1号"的蛋白质含量比对照提高3.81%，重金属As和Pb含量各降低了5.88%和21.05%。总游离氨基酸含量比对照提高了12.68%，光合色素含量总体高于当地传统栽培种，总藻胆蛋白含量高11.22%。

2.1.3 基于HPLC-MS的良种选育化学指标物的检测技术

红藻糖苷是红藻的主要光合作用产物，作为渗透调节剂，在藻类抗逆代谢中发挥重要的生理作用。建立了HPLC-MS分析技术，研究不同品系坛紫菜内红藻糖苷组成与含量差异。研究了"浙东1号"不同生长阶段及其高温胁迫下与其他品系坛紫菜比较红藻糖苷的含量变化。获得发育阶段及高温与红藻糖苷含量间的规律性关系，证实"浙东1号"的抗热性与红藻糖苷高含量相吻合。

2.2 坛紫菜苗种栽培技术

确定"浙东1号"的培育和栽培要点，发明一种苗种生态调控技术，通过引进活体桡足类，利用桡足类摄食贝壳表面的硅藻[8]，形成坛紫菜育苗的生态调控的技术体系，保证紫菜的贝壳丝状体生长与发育正常，减低对于环境的富营养化压力。

2.3 坛紫菜高效栽培技术及设施的开发

完善紫菜的插杆式栽培技术，证实插杆式栽培适合于在内湾潮差相对较大、风浪较平静的潮间带海区栽培，特点是产品质量好，产值高。

并针对宁波市潮间带滩涂利用率高、留给紫菜栽培空间小的问题，在浅海开展全浮流栽培的技术研发。并设计全浮流栽培筏架及浅海立体浮式藻床装置[9]，结构简单，不受强风正面袭击，聚鱼效果好，适于无障碍采收。其优点是栽培区域不受潮间带与底质的限制，具有极大的发展空间。栽培特点是生长快，采收间隔时间短、单产量高，一水、二水菜质量好，藻体柔软，光泽好，产量是通常紫菜的1.5倍。

由此通过潮间带开展插杆式栽培与浅海开展全浮流栽培，达到了从中、高潮带的潮间带半浮动筏式栽培，逐步推行到潮间带的中、低潮带插杆式与浅海紫菜全浮流栽培坛紫菜，实现高效浅海栽培紫菜。

利用坛紫菜、海带的高效栽培前近一个月的育苗暂养的时间，作为对接的缓冲期，开发坛紫菜与海带的轮养技术，提高海区利用率，并提高经济效益。

针对目前坛紫菜采收与酸处理脱节的问题，开发采收与酸处理连续进行的坛紫菜的一体化装置，节省人力，采收量提高，提高了生产效益，降低了生产成本。

针对坛紫菜的栽培从潮间带向潮流带延伸，对栽培筏架的抗风浪要求高的问题，发明了抗风浪筏架，使栽培单元整体抗风浪能力更强，栽培风险很小。

2.4　坛紫菜健康栽培技术

2.4.1　干出、冷藏网及渗透差异技术

鉴于紫菜病烂频繁暴发，选择以防为主的方针，在养殖时采用干出技术，增强坛紫菜抗病力；并结合冷藏网技术，规避秋季"小阳春"高温造成的发病高峰期。在坛紫菜出现少量病烂时，利用盐酸或/与柠檬酸渗透差异处理，达到控制杂藻和致病菌的目的[10]。

2.4.2　适用于紫菜栽培的活性寡糖激发子的开发

针对海洋大型藻类栽培无生物农药的局面，而目前寡糖作为新型生物农药已在陆源农作物中得到广泛应用。本项目将寡糖海藻疫苗引入到坛紫菜栽培中，以摆脱坛紫菜栽培靠天吃饭的局面。同时，针对生物农药在海区实施的不可能性的瓶颈，实现大池内的操作。

确定 $100\mu g/mL$ 处理 2h 为最佳免疫浓度和时间；以每次 2h、2d 一次为最佳免疫次数，在该条件下，实验室内坛紫菜的叶片在 40d 时达到完全腐烂，较空白组延后 13d。

取得海区效果评价数据，通过浸网处理，可使整张网鲜重增加 23.82%，腐烂率减少 19.36%。而在壳孢子放散附网过程中处理，发现坛紫菜的长度、宽度和鲜重指标都出现显著增加，鲜重每平方米增加 36.6%，光合速率得到有效提高，且成熟度显著下降[11]。

2.5　坛紫菜健康栽培理论体系的构建

针对影响坛紫菜健康栽培中的几个关键环境和胁迫因素，从分子、化学和蛋白多个水平评价环境、胁迫、微生物等因素对坛紫菜的影响，以及坛紫菜如何响应环境胁迫。通过系统的坛紫菜抗逆防御的理论体系的构建，搭建坛紫菜健康栽培的上游理论平台，从而能更好地指导栽培技术的更新。

2.5.1　坛紫菜抗性基因的研究

完成了 *PhHSP70*、*PhSOD*、*Phrboh*、*PhLOX1*、*PhLOX2*、*PhNHO-1*、*PhGPDH* 等基因的全长克隆、表达、功能验证以及抗逆胁迫时的响应模式分析[12,13]。

2.5.2 坛紫菜响应高温应激的机制

从生理、生化、化学、代谢组和数字表达谱各水平，对坛紫菜的抗高温应激进行了系统研究。得到图2结论，并发现丝状体耐高温的特殊机制[14]。

2.5.3 坛紫菜响应干出胁迫的方式

总结坛紫菜干出胁迫时的细胞形态、红藻糖苷、oxylipins、ROS清除在其中的功能[15]。

2.5.4 内源激发子诱导坛紫菜的抗性反应

从寡糖结合位点、ROS响应方式、对附生菌的影响、抗性基因变化、挥发性物质、脂肪酸变化、脂质代谢组学等多角度确定了寡糖激发子的诱导抗性机制，为寡糖作为免疫"疫苗"的应用提供充足的理论依据[16]。

2.5.5 坛紫菜与藻际微生物间互作关系的研究

建立坛紫菜藻际微生物的研究平台，发现紫菜藻际微生物存在选择与适应，证实藻际微生物在紫菜正常生长状态下，能够通过分泌抗生物类化合物抑制致病菌生长，从而缓解对紫菜的感染，减轻紫菜病烂，起到保护坛紫菜的作用。

2.6 坛紫菜信息化平台的构建

全过程采集、记录坛紫菜苗种培育、种质保存中的各类信息，包括丝状体保存、种菜保存、壳孢子育苗地点、传代苗种分子标记等相关数据，综合连续多年的研究、生产数据信息，上传至"藻类栽培智能平台"，结合溯源系统形成藻类信息化管理平台，并与农业部质量安全溯源管理系统对接成网，在国内共享坛紫菜各项信息化管理信息。

2.7 产业化推广

2004年至2014年的10年间，在浙江宁波象山、鄞州、舟山、温州//福建福鼎等地开展"浙东1号"的育种和栽培，推广全浮流和插杆式栽培技术、高效栽培设施和健康栽培模式。目前，在浙江地区核心的坛紫菜栽培区种源覆盖率达70%以上。

2014年，插杆式高效栽培模式达到227hm²，几年来，平均产量达到

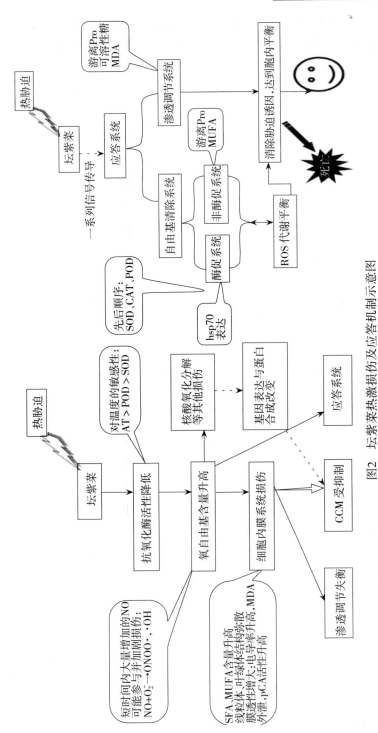

图2 坛紫菜热激损伤及应答机制示意图

Fig.2 The responses to heat shock stress and adaptation strategy of *Pyropia haitanensis*

3 247.5kg/hm²，较传统的栽培方法经济效益提高 18.3%，得到农户好评，普遍反映：操作简单，栽培效益高，兼具传统的半浮动筏式栽培和全浮流栽培的优势。在实际操作中，规模放大不受限制，既适宜于小型的一家一户的模式，也能够实现规模化的栽培。全浮流栽培模式及栽培装置设计成熟后，从 2010 年起步到 2014 年达到 80 hm²，产量达到 3 828kg/hm²，产生的经济效益比插杆式提高 17.3%，比传统的栽培方法经济效益提高 39.5%。目前，健康栽培技术在多家公司开展示范，面积已达 227 hm²，促进了产业的持续健康发展。

3　讨论

与当地传统栽培种相比，"浙东1号"藻体叶片长/宽值较小、叶片厚，适合于浙闽混水区栽培。壳孢子放散有明显高峰，较当地传统栽培种提前 1d，同步性高，放散量比当地传统栽培种高出 25% 以上。壳孢子苗见苗时间短，生长速度较快，采收的间隔时间较当地传统栽培种提前 6～8d。基部发达，附着牢固，适于机械化采收。早期产量较高，全年产量较传统栽培种提高 15%～26%。

建立了一系列健康栽培技术，首先，首次把寡糖激发子应用到海洋藻类的健康栽培中，创新性地在壳孢子放散阶段施用寡糖激发子，突破了海区栽培无法进行海上作业的局面，实现了在大池内完成生物农药的简易、低劳动力、低成本使用的操作方式。本技术使紫菜的栽培进入到可施用生物农药的阶段，改变靠天吃饭局面，大大提高紫菜抵抗恶劣环境的能力，避免养殖户的巨大经济损失，使产量和经济效益得到显著提高。

其次获得了较先进的藻类抗逆防御理论体系。潮间带藻类经受的自然环境的胁迫非常复杂，国内外对藻类的抗逆防御的体现不完整，而本项目在抗逆防御理论研究方面综合了藻类化学、代谢组学、酶学、基因及蛋白的表达等多个水平，形成了从上游基因到下游化学的系统理论。在以下几点有所创新：提出了一个坛紫菜育种和品质筛选的快速检测指标化合物——红藻糖苷，将基因以及性状的传统筛选模式结合了化学筛选的快速、方便的特点，实现了多角度的种质和品质的评价；完善坛紫菜耐高温胁迫的理论体系，在体系中引入了化学评价体系，从脂类代谢组学、抗渗透压红藻糖苷、自由基来源基因等方面，补充坛紫菜高温胁迫中的响应机制；为耐高温坛紫菜品种的再筛选，以及高温应对策略提供了借鉴依据。

参 考 文 献

[1] 周百成，曾呈奎．藻类生物技术与海洋产业发展［J］．生物工程进展，1996，16（6）：13-16.

[2] 陈宝红，周秋麟，杨圣云．气候变化对海洋生物多样性的影响［J］．台湾海峡，2009，28（3）：437-444.

[3] 李云，徐兆礼，高倩．长江口强壮箭虫和肥胖箭虫的丰度变化对环境变暖的响应［J］．生态学报，2009，29（9）：4773-4780.

[4] 孙庆海，温从涨，吴伯合，等．开敞性滩涂海区坛紫菜养殖技术研究［J］．现代渔业信息，2011（1）：22-24.

[5] 张美如，陆勤勤，许广平．条斑紫菜产业现状及对其健康发展的思考［J］．中国水产，2012（11）：15-19.

[6] 王奇欣．福建省坛紫菜加工产业化发展思路［J］．福建水产，2005（2）：71-73.

[7] 坛紫菜"浙东1号"［J］．动植物新品种权，GS-01-013-2014

[8] 骆其君，陈海敏，孙庆海等．一种坛紫菜贝壳丝状体促熟和采苗的方法［J］．ZL201410173187.5.

[9] 骆其君，谢贞优，黄显军等．一种抗风浪的紫菜养殖筏架及养殖方法［J］．ZL201110324860.7.

[10] 骆其君，严小军，徐善良等．坛紫菜养殖中绿藻和染病细胞的酸处理及处理方法［J］．ZL201010169900.0.

[11] Chen Haimin, Qiuli Jian, Qijun Luo, Zhujun Zhu, Rui Yang, and Xiaojun Yan. Application of oligoagars as elicitors for field aquaculture of *Pyropia haitanensis*［J］. Journal of Applied Phycology, 2015, (28):, 1783-1791.

[12] Chen Haimin, Zhujun Zhu, JuanJuan Chen, Rui Yang, Qijun Luo, Jilin Xu, He Shan, and XiaoJun Yan. A multifunctional lipoxygenase from *Pyropia haitanensis*-The cloned and functioned complex eukaryotic algae oxylipin pathway enzyme［J］. Algal Research, 2015, (12): 316-327.

[13] Luo Qijun, Zhujun Zhu, Rui Yang, Feijian Qian, Xiaojun Yan, and Haimin Chen. Characterization of a respiratory burst oxidasehomologue from *Pyropia haitanensis* with unique molecular phylogeny and rapid stress response［J］. Journal of Applied Phycology, 2015, 27 (2): 945-955.

[14] Luo Qijun, Zhenggang Zhu, Zhujun Zhu, Rui Yang, Feijian Qian, Haimin Chen, and Xiaojun Yan. Different responses to heat shock stress revealed heteromorphic adaptation strategy of *Pyropia haitanensis* (Bangiales, Rhodophyta) [J]. PloS one, 2014, 9 (4): e94354.

[15] Qian Feijian, Qijun Luo, Rui Yang, Zhujun Zhu, Haimin Chen, and Xiaojun Yan. The littoral red alga *Pyropia haitanensis* uses rapid accumulation of floridoside as the desiccation acclimation strategy [J]. Journal of Applied Phycology, 2015, 27 (1): 621-632.

[16] Wang Xiujuan, Xiaoling Su, Qijun Luo, Jilin Xu, Juanjuan Chen, Xiaojun Yan, and Haimin Chen. Profiles of glycerolipids in *Pyropia haitanensis* and their changes responding to agaro-oligosaccharides [J]. Journal of Applied Phycology, 2014, 26, (6): 2397-2404.

图书在版编目（CIP）数据

中国藻类产业 30 年回顾．一/秦松主编．—北京：
中国农业出版社，2017.12
ISBN 978-7-109-22950-1

Ⅰ.①中… Ⅱ.①秦… Ⅲ.①微藻－产业发展－研究
－中国 Ⅳ.①F326.4

中国版本图书馆 CIP 数据核字（2017）第 109094 号

中国农业出版社出版
（北京市朝阳区麦子店街 18 号楼）
（邮政编码 100125）
责任编辑　林珠英
────────────
北京中兴印刷有限公司印刷　　新华书店北京发行所发行
2017 年 12 月第 1 版　　2017 年 12 月北京第 1 次印刷
────────────
开本：700mm×1000mm 1/16　　印张：9
字数：160 千字
定价：80.00 元
（凡本版图书出现印刷、装订错误，请向出版社发行部调换）